Karl Pöhnert

Joh. Matth. Gesner und sein Verhältnis zum Philanthropinismus

und Neuhumanismus

Karl Pöhnert

Joh. Matth. Gesner und sein Verhältnis zum Philanthropinismus
und Neuhumanismus

ISBN/EAN: 9783743481114

Hergestellt in Europa, USA, Kanada, Australien, Japan

Cover: Foto ©ninafisch / pixelio.de

Manufactured and distributed by brebook publishing software (www.brebook.com)

Karl Pöhnert

Joh. Matth. Gesner und sein Verhältnis zum Philanthropinismus

Joh. Ma~~u~~

und sein Verh~~äl~~.

Philanthropinismus und Neuhumanismus.

Ein Beitrag
zur
Geschichte der Pädagogik im XVIII. Jahrhundert.

DISSERTATION

zur
Erlangung der Doktorwürde der philosophischen Fakultät
der Universität Leipzig

eingereicht von

Karl Pöhnert
cand. theol.

———❦✻❧———

Leipzig
In Kommission bei Emil Gräfe
1898.

Meinen Eltern

in dankbarer Verehrung und kindlicher Liebe.

Quellen.

Allgemeine Revision des gesamten Schul- und Erziehungswesens, herausgegeben von J. H. Campe. — Die wichtigsten Abhandlungen sind: Bahrdt: Zweck der Erziehung (I). — Campe: Über die früheste Ausbildung junger Kinderseelen (II). — Stuve: Allgemeine Grundsätze der Erziehung (I). Allgemeine Grundsätze der körperlichen Erziehung (I). — Trapp: Vom Unterrichte (VIII). — Villaume: Über Erziehung des Willens (V). — Äusserliche Sittlichkeit (X).

Arnoldt, J. F. J., F. A. Wolf in seinem Verhältnisse zum Schulwesen und zur Pädagogik 1861.

Bahrdt, K. F., Ausführliches Lehrgebäude der Religion. 1787.
— Philanthropinischer Erziehungsplan oder vollständige Nachricht von dem ersten wirklichen Philanthropin zu Marschlins. 1776.

Basedow, J. B., Inusitata et optima honestioris iuventutis erudiendae methodus. 1752.
— Praktische Philosophie 1758 und 1777.
— Philalethie 1763.
— Versuch über die Wahrheit des Christentums als der besten Religion. 1766.
— Vorstellung an Menschenfreunde. 1768.
— Vorschlag und Nachricht von bevorstehender Verbesserung des Schulwesens. 1770.
— Methodenbuch. 1770.
— Elementarwerk. 1774.
— Das in Dessau errichtete Philanthropinum. 1774.
— Philanthropisches Archiv 1776.
— Philanthropinisches Journal 1782.

Braunschweigisches Journal, philos., philol. u. pädag. Inhalts; herausgeg. von Trapp. 1788 ff.

Eckstein, F. A., J. M. Gesners Wirksamkeit für die Verbesserung der höheren Schulen. — Programm der Thomasschule in Leipzig. 1869.
— Vergl. den Artikel: J. M. Gesner in der Allgem. Encyklop. der Wissensch. u. Künste. LXIV. S. 271.

Erdmann, Geschichte der Philosophie.

Ernesti, J. A., Initia doctrinae solidioris. 3. Aufl. 1750.
— De philosophia populari. 1754.
— Vindiciae arbitrii divini in religione constituenda.
— Schulordnung für die Kursächsischen drei Fürstenschulen. — Mit a. citiert. — Vergl. Vormbaum 613 ff.
— Schulordnung für die lateinischen Stadtschulen. — Mit b. citiert. — Vergl. Vormbaum 648 ff.
— Narratio de Gesnero. 1762.

Garboviclanu, P., Die Didaktik Basedows im Vergleiche zur Didaktik des Comenius. — Bukarest 1887.

Gesner, J. M., Institutiones rei scholasticae. 1715.
— Gesetze der Schule zu St. Thomä. 1733.
— Schulordnung für die Braunschweigisch-Lüneburgischen Lande. 1737.
— Vormbaum 358 ff.
— Leges paedagogii Ilfeldensis 1749. — Vormbaum 459 ff.
— Opuscula minora. 8 Bde. 1743 bis 1745.
— Kleine deutsche Schriften. 1756.
— Utilitas honesti mater, non iudex. 1756.
— Primae lineae Isagoges in eruditionem universalem nominatim philologiam, historiam et philosophiam. Accedunt nunc praelectiones ipsae ad commentarios auctoris castigatae et auctae per J. N. Niclas 1784.
Gössgen, C., Rousseau und Basedow. Diss. 1891.
Hahn, G. P. R., Basedow und sein Verhältnis zu Rousseau. Diss. 1885.
Heeren, A. H. L., C. G. Heyne. Biographisch dargestellt. 1813.
Heyne, C. G., Verbesserungsvorschläge zur Hebung des Pädagogii zu Ilfeld. 1770. Abgedr. in den „Mitteilungen der Gesellschaft für deutsche Erziehungs- u. Schulgeschichte", herausgeg. v. Kehrbach. 1893.
— Nachricht von der gegenwärtigen Einrichtung des Kgl. ˙ ıgogii zu Ilfed. 1780.
— Neue Schulverfassung und Schulordnung für die Stadtschule zu Göttingen — Neues Hannöverisches Magazin. 1798.
Körte, W., Leben und Studien F. A. Wolfs. 1833.
Leyser, J., K. F. Bahrdt; 1867.
Niemeyer, Grundsätze der Erziehung und des Unterrichts.
Niethammer, F., Der Streit des Philanthropinismus und Humanismus. 1808.
Paulsen, F., Geschichte des gelehrten Unterrichts.
Pinloche, A., Basedow et le philanthropinisme. 1889.
Pütter, Versuch einer akademischen Gelehrten-Geschichte von der Universität zu Göttingen. 1788.
Raumer, K. von, Geschichte der Pädagogik.
Sauppe, H., J. M. Gesner und C. G. Heyne. — In den „Göttinger Professoren". Gotha 1872.
Schiller, H., Geschichte der Pädagogik.
Schmid, Encyclopädie der Pädagogik.
Schmidt, C., Geschichte der Pädagogik.
Thomasius, C., Sittenlehre.
— Vernunftlehre.
— Introductio in philosophiam aulicam.
Trapp, E. C., Versuch einer Pädagogik. 1780.
Vormbaum, R., Evangelische Schulordnungen, III.
Windelband, W., Geschichte der Neueren Philosophie.
Wolf, F. A., Consilia scholastica. Aus Wolfs litterarischem Nachlasse zusammengestellt von Körte. 1835.
Wolke, C. H., Kurze Erziehungslehre. 1805.
Wyttenbach, D., Vita Davidi Ruhnkenii. 1799.

Inhalt.

Einleitung 1
A. Philosophischer Teil 9
   I. Psychologie 9
   II. Erkenntnistheorie 17
   III. Religionsphilosophie 23
   IV. Ethik 29
B. Pädagogischer Teil 38
   I. Allgemeines 38
     1. Aufgabe der Erziehung und des Unterrichts. Das Verhältnis beider zu einander. Nationalerziehung . . . 38
     2. Erziehung des weiblichen Geschlechts 51
   II. Erziehung 53
     1. Physische Erziehung 53
     2. Psychische Erziehung 56
       a) Bildung des Intellekts 56
       b) Ästhetische Bildung 62
       c) Moralische Bildung 70
   III. Unterricht 77
     1. Unterrichtsstoffe 77
       a) Sprachen und Geschichte 77
       b) Realien 98
       c) Religion 105
     2. Unterrichtsmittel 110
       a) Methode 110
       b) Lehranstalten 115
       c) Lehrer 122
Schluss 125

Einleitung.

Man pflegt in der Geschichte der Philosophie und des Geisteslebens überhaupt das achtzehnte Jahrhundert als die Periode des Individualismus zu bezeichnen. Dieser war eine notwendige Folge des vorausgegangenen Pantheismus. Denn wenn man dort vergessen hatte, sagt J. E. Erdmann in seiner Geschichte der Philosophie [1]), „dass es zum Wesen des Geistes gehört, stets aus der Allgemeinheit heraus in die einzelnen Subjekte hineinzutreten und in solchem Nahrung-Geben und -Nehmen sich und sie zu beleben, so rächt sich diese Vernachlässigung so, dass jetzt in entgegengesetzter Einseitigkeit der Subjektivismus und Individualismus in allen Gebieten des geistigen Lebens sein Haupt erhebt". Ihren Höhenpunkt erreichten diese Bestrebungen in der sogenannten Aufklärungszeit, wie sie in Deutschland namentlich durch Christian Thomasius angebahnt worden ist. Die Aufklärung ist ja keine ausschliesslich wissenschaftliche Bewegung, sondern ein Wendepunkt und eine Umwälzung der gesamten Kultur auf allen Lebensgebieten. Ebendarum hat man gemeint, dass es unmöglich sei, den unendlich mannigfaltigen Inhalt der Aufklärung unter eine einfache Formel zu bringen. Aber es ist schwerlich einzusehen, warum z. B. die Formel von Erdmann [2]) diesem Zwecke nicht genügen sollte, nach der in der Aufklärung der Versuch gemacht wurde, „den Menschen, sofern er verständiges Einzelwesen ist, zur Herrschaft über alles zu bringen." Doch, ob Anerkennung einer Formel oder nicht, — soviel steht jedenfalls unzweifelhaft fest, dass die Zeit der Aufklärung mehr als eine andere das Bestreben zeigt, „den Menschen als ver-

---

[1]) II, 77. [2]) II, 237.

ständiges Wesen zu etwas zu bringen", etwas Neues aus ihm zu machen, ihn umzubilden, kurz, dass die Aufklärung sich schliesslich zu einem grossen Erziehungsprozess gestaltet, „in welchem auf der einen Seite die zum Lichte bereits gelangten Mündigen, auf der anderen die Schwachen, eben darum an jene Gewiesenen stehen" [1]). Kein Wunder darum, dass sich in dieser Zeit auch auf dem Gebiete des praktischen Erziehungswesens eine bis dahin ungewohnte Thätigkeit entwickelte. Als der bedeutendste und einflussreichste jener pädagogischen Reformatoren gilt allgemein Johann Bernhard Basedow, der Vater des Philanthropinismus. Diese letztere Bezeichnung, Vater des Philanthropinismus, wird ihm nun aber nicht von allen Geschichtsschreibern der Pädagogik in gleicher Weise zuerkannt. Vielmehr hat er sich's gefallen lassen müssen, dass man einen anderen zum geistigen Oberhaupt der philanthropinistischen Richtung gemacht hat, von dem er, Basedow, selbst erst ganz und gar abhängig sei: -- Rousseau.

Über den Einfluss Rousseaus auf Basedow ist schon viel geschrieben worden. Dass ein solcher stattgefunden hat, wird heute kaum noch geleugnet werden; es fragt sich nur, in welchem Sinne man ihn auffasst, und mit welcher Stärke man ihn betont. Die einen — und ihrer werden glücklicherweise immer weniger — fassen diesen Einfluss durchaus in malam partem; sie haben, wie H. Schiller [2]) in gerechtem Unwillen sich ausdrückt, „den beschränkt philologisch-theologischen Standpunkt, der sich bemüht, die verhassten Neuerer — Basedow und seine Mitarbeiter — mit dem allmählich zum Gottseibeiuns gestempelten Rousseau in einen Topf zu werfen", noch immer nicht aufgegeben. Die anderen — und ihrer werden, ich möchte fast sagen leider immer mehr, — feiern Basedow als denjenigen, der im letzten Grunde die Neuzeit in der Geschichte der deutschen Pädagogik heraufgeführt habe, indem er die „wundervollen" Gedanken Rousseaus sich ganz und gar zu eigen gemacht, in Deutschland eingebürgert und so erst die eigentlich treibende Kraft in die pädagogischen Verwickelungen und Entwickelungen der Zeit gebracht habe.

Der letzte, der diese Auffassung eingehend verteidigt hat, ist, soviel ich sehe, Carl Gössgen. Leider kann ich, wie gesagt,

---

[1]) II, 240 f.   [2]) a. a. O. S. 251.

seinem Ergebnis nicht beistimmen. Seine Untersuchung hat einen doppelten Fehler. Zunächst findet sie sich zu wenig mit den Gegnern ab. Die vielen und durchschlagenden Beweise, die namentlich Hahn für den schroffen Gegensatz zwischen Rousseau und Basedow vorbringt, werden von Gössgen in keiner Weise widerlegt. Der zweite Fehler der Gössgenschen Arbeit ist der, dass sie viel zu wenig die gesamte pädagogische und insbesondere philosophische Zeitlage berücksichtigt. Bestimmter gefasst heisst das: Gössgen scheidet nur selten scharf zwischen dem Sondereigentum Rousseaus und demjenigen Basedows; er begnügt sich, Ähnlichkeiten zwischen beiden festzustellen, und folgert daraus die Abhängigkeit des einen vom anderen; er lässt viel zu sehr ausser Betracht, dass ja Basedow die Wege schon wunderbar geebnet fand durch deutsche Philosophen und deutsche Pädagogen, und unter den letzteren übersieht er vor allen einen, den Basedow und seine Schüler wiederholt ausdrücklich und namentlich als Gewährsmann nennen, der für die Pädagogik des mittleren 18. Jahrhunderts eine bis jetzt noch viel zu sehr unterschätzte und nicht leicht zu überschätzende Bedeutung hat, und dessen Gedanken sich bei den Philanthropinisten mindestens ebenso stark nachweisen lassen, wie die vermeintlichen Rousseauschen.

Dieser Mann ist Johann Matthias Gesner*). „Wo von Gesner die Rede ist," sagt Paulsen [1]), und ich kann mir's nicht versagen, sein treffliches Urteil hier ganz anzuführen, „da pflegt vor allem gesagt zu werden, dass er in dem Augenblick, wo die klassischen Studien in Gefahr gewesen seien, durch die vereinigten Bestrebungen des Rationalismus und Pietismus für immer aus den Schulen verdrängt zu werden, als ihr Retter erschienen sei. Man würde sich doch ein völlig falsches Bild von Gesner machen, wenn man ihn hiernach als einen Mann sich vorstellen wollte, dessen Bestreben gewesen sei, die Reformen des vorigen Zeitalters rückgängig zu machen und die Schulen wieder zu der Gestalt zurückzubringen, die ihnen das humanistische Jahrhundert

---

*) Geboren am 9. April 1691 in Roth bei Ansbach in Bayern, 1710 Student in Jena, 1715 Bibliothekar und Konrektor in Weimar, 1730 Rektor der Thomasschule in Leipzig, 1734 Professor der Poesie und Beredsamkeit in Göttingen; gestorben am 3. August 1761.
[1]) II, 15 f.

gegeben hatte". — Gewiss war Gesner Humanist; Männern wie Ernesti, Heyne, Wolf gilt er durchaus als Autorität für ihre Grundsätze; namentlich weist der zuletzt Genannte, den man ja vielfach als den Vater des sogenannten Neuhumanismus bezeichnet, immer und immer wieder auf ihn zurück.

Aber daneben sind der Beweise nicht wenige, die von der Verehrung zeugen, die Gesner auch bei den Philanthropinisten genoss. Bereits am Schluss seiner Inusitata methodus [1]) bekennt Basedow, wie grossen Nutzen er aus Gesners Schriften gezogen habe: cui si vel minima mei instituti pars non displicet, sinistra multorum mortalium iudicia aequissimo animo feram.

In der Ankündigungsschrift für „das in Dessau errichtete Philanthropinum" ruft er aus: „O du Ernesti und Heyne und, wie Ihr sonst heisst, Ihr wenigen echten Söhne des grossen Gesner, Ihr von dem Geist des majestätischen Consuls und Weisen der Römer durchdrungenen Lehrer Germaniens! Unser Tullius soll nicht mehr in den Konzilien der Unmündigen ein verhasster Phrasendiktator bleiben und jeden Augenblick expedi virgas rufen!"

Und in den „vierteljährlichen Nachrichten"[2]) erklärt er — um nur noch eine und vielleicht die wichtigste Stelle anzuführen: „Der Vorsatz, das Publikum einmal zur gründlichen Verbesserung der Erziehungsart und des Schulwesens aufzumuntern und die Sache durch Mitwirkung zu erleichtern, hat seinen ersten Grund in meiner Erfahrung auf Schulen, Gymnasien und Universitäten, in dem ausserordentlich guten Erfolge, als ich an einem jungen Edelmann eine ungewöhnliche Art der Unterweisung versuchte, und in dem Exempel eines Gesner, einer Beaumont" u. s. w. Das „Exempel eines Gesner" steht voran! — Von Basedows Schülern bittet Trapp bei Besprechung des Lateinunterrichtes: „O sancte Gesner, ora pro nobis!" Bemerkenswert ist überhaupt schon die ganze Stellung Trapps: Er war ein ausgesprochener Philanthropinist, und doch war er nicht bloss ein Enkelschüler *) Gesners,

---

*) So nennt ihn Paulsen, I, 18. Anm., insofern Trapps Lehrer Ehlers, Rektor in Segeberg, ein Schüler Gesners war. Diese Notiz ist aber nach Pütter II, 276 in der oben gezeigten Weise zu vervollständigen.

[1]) p. 38. [2]) I, 17.

sondern durch das philologische Seminar zu Göttingen von 1766 an sogar ein unmittelbarer Schüler Heynes.

Demgegenüber schilt Eckstein wieder von humanistischer Seite aus den armen Trapp: „Die Genossenschaft der Nützlichkeitsapostel, des Philanthropinismus, die sich auf seine Autorität stützen wollen, würde er (Gesner) niemals anerkannt haben."

So streitet man sich auf beiden Seiten um den grossen Mann, hier wie dort möchte man ihn ausschliesslich als den Seinigen betrachten.

Für uns aber ergiebt sich daraus das Eine mit Bestimmtheit, dass sich bei Gesner nicht nur neuhumanistische, sondern auch ein Gutteil philantropinistischer Ideen finden müssen. Diese nun im einzelnen nachzuweisen, ist die Hauptaufgabe dieser Studie.

Hoffe ich damit — in magnis voluisse sat est — die viel erörterte Frage nach dem Einfluss Rousseaus auf Basedow womöglich abschliessend zu beantworten, so möchte ich auf der anderen Seite zu etwas Neuem die Anregung geben.

So gross nämlich die Verdienste Gesners um das deutsche Schulwesen sind und so rückhaltlos dieselben auch von einzelnen Historikern der Pädagogik anerkannt werden, so auffallend und bedauerlich ist es doch, dass es an tiefer eingehenden Specialuntersuchungen über ihn bis jetzt noch so gut wie ganz fehlt. Während über seine Zeitgenossen Francke, Rousseau, Basedow eine ziemlich ergiebige Litteratur vorhanden ist, besitzen wir über Gesner nur einige kleinere Aufsätze in den einschlägigen Encyklopädien, die überdies mehr seine philologischen, als pädagogischen Verdienste hervorheben, ein Beweis dafür, dass man noch immer die wahre Bedeutung des Mannes nicht völlig erkannt hat. Bis zu einem gewissen Grade ist das ja erklärlich; Gesner war ein viel zu sehr aufs Praktische gerichteter und vor allem ein viel zu bescheidener Mann, als dass es ihm jemals in den Sinn gekommen wäre, seine pädagogischen Ideen in einem grossen dickleibigen Werke zusammenzufassen, geschweige denn, sie nach Art eines Basedow in alle Welt hinauszuposaunen. Um so mehr müssen wir, die Spätergeborenen, es uns zur Pflicht machen, dieser seiner Bescheidenheit dadurch zu ihrem Rechte zu verhelfen, dass wir die Mühe nicht scheuen, seine Gedanken zusammenzutragen und zu ordnen und so die Ungerechtigkeiten wieder gut zu machen, die

die Geschichte nun einmal hier und da auszuteilen liebt und unter denen eben zum Teil auch Gesner noch heute zu leiden hat, indem man die Verdienste seiner geistigen Nachfolger Ernesti, Heyne, Wolf viel zu sehr überschätzt. — Untrennbar von der oben bezeichneten Hauptaufgabe ergab sich somit zugleich eine andere, nämlich diejenige einer systematischen Darstellung der Gesnerschen Pädagogik. Ich habe beide so zu verknüpfen gesucht, dass ich in der Regel zuerst die Gesnerschen Gedanken im Zusammenhange entwickelt und hernach die der Philanthropinisten und der übrigen Neuhumanisten vergleichsweise herangezogen habe. Im übrigen muss natürlich die Disposition für sich selbst sprechen. Über den dem pädagogischen Teile vorangeschickten philosophischen brauche ich wohl als über etwas Selbstverständliches kein Wort weiter zu verlieren.

Ehe ich zur Darstellung selbst übergehe, sei mir noch ein kurzes Wort über die herangezogenen Autoren bezw. deren Schriften gestattet. Wie schon angedeutet, bilde ich mir nicht ein, die zuletzt genannte, im folgenden aber stets zuerst behandelte Aufgabe — Darstellung der Gesnerschen Pädagogik — endgiltig und abschliessend gelöst zu haben. Wie könnte einem dies auch auf einen einzigen, noch dazu auf den ersten Wurf gelingen? Sollte mir darum hier oder da noch ein brauchbarer Gedanke Gesners entgangen sein, so darf ich gewiss auf Nachsicht rechnen. Insbesondere mache ich kein Hehl daraus, seine opuscula minora nicht mit verarbeitet zu haben; die acht Bände enthalten in der Hauptsache Abhandlungen für die Societät in Göttingen und Reden, die Gesner als Prorektor u. s. w. gehalten hat; vielleicht, dass sich manche pädagogisch verwendbare Ansicht darin finden mag, allein, sie bilden nahezu ein Studium für sich. Der Schaden wird, denke ich, nicht allzugross sein; denn das Bild, das uns die in der Quellenangabe genannten Schriften von den pädagogischen Anschauungen geben, ist im allgemeinen ein vollständiges und klares. — Von den verwendeten Quellen könnte vielleicht die Schulordnung einiges Misstrauen erwecken, weil sie nach einer Bemerkung bei Vormbaum[1]) nicht von Gesner selbst verfasst, sondern nur revidiert worden ist. Allein diese

---

[1]) III, 359.

Revision muss eine sehr gründliche gewesen und einer völligen Neugestaltung fast gleichgekommen sein, denn wo Gesner auf sie verweist, da redet er von ihr, wie von einem seiner eigenen Werke. Auch Wolf macht auf „J. M. Gesners hannövrische Schulordnung" aufmerksam als auf „ein durchaus vergessenes Buch, das sich gelehrten und wohlgesinnten Schulmännern bei allen seinen Mängeln doch noch sehr empfiehlt"[1]). Wir werden darum gewiss nicht fehlgehen, wenn wir diese Schulordnung wie ein eigenes Werk Gesners behandeln. — Der Umstand, dass Gesners pädagogische Gedanken nicht systematisch beisammenstehen, sondern über die einzelnen Schriften verstreut sind, bringt es mit sich, dass man nicht immer mit wörtlich wiedergegebenen Belegstellen dienen kann; man muss sich mehr in die ganze Anschauungsweise des Mannes versetzen und danach urteilen; wer sich einigermassen in seine Schriften eingelesen hat, wird bald das in dem betreffenden Falle Gesagte bestätigt finden.

Philanthropinismus und Neuhumanismus können nach ihrem geschichtlichen Umfange sehr verschieden aufgefasst werden. Gössgen[2]) kommt zu dem Schluss, dass „Rousseau als der erste und eigentlichste Philanthropinist in der Geschichte der Pädagogik figurieren müsste" und Schiller[3]) zählt zu den Vorläufern des Neuhumanismus sogar Fénélon und Rollin, also Männer, die zum Teil noch vor Gesner gewirkt haben. Für die vorliegende Arbeit kommt meines Ermessens keiner dieser drei Franzosen in Betracht, denn es handelt sich ja hier nicht um eine Geschichte des Neuhumanismus oder Philanthropinismus, sondern um den Nachweis, inwiefern die beiden Richtungen gerade in Gesner vereinigt sind. Um aber einen einzelnen Mann mit einer ganzen Richtung in Beziehung zu bringen, wird man weder Vor- noch Nachläufer, sondern die Hauptvertreter derselben heranziehen. So wird unsere Untersuchung im wesentlichen auf einen Vergleich Gesners einerseits mit Wolf, andererseits mit Basedow hinauskommen. Den anderen, Ernesti, Heyne, Trapp, Campe, und wie sie alle heissen, soll deshalb das Recht, mitzureden, keineswegs verkümmert werden, am allerwenigsten dann, wenn sie eine abweichende Ansicht vertreten, oder wenn sie ergänzend eintreten können; es soll ihnen

---

[1]) 73. 31. [2]) S. 85. [3]) S. 289 ff.

nur in diesem Rechte nicht allzuviel Freiheit gelassen werden, damit sie die Übersicht über das Ganze nicht unnötig erschweren. Im philosophischen Teile werden Heyne und die kleineren Philanthropinisten, ja selbst Wolf ohnedies schon zurücktreten, denn da fliessen ihre Quellen sehr spärlich, und man ist fast ganz auf Rekonstruktionen aus der Pädagogik angewiesen.

Gesners Isagoge und die sämtlichen Schulordnungen sind nach Paragraphen, alle anderen Schriftstücke nach Seitenzahlen angeführt.

A. Philosophischer Teil.
I. Psychologie.

Wenn man bedenkt, dass Gesner ein Zeitgenosse der Philosophen Wolff, Thomasius und teilweise auch Leibnizens war, so fragt man sich unwillkürlich, an welchen von diesen dreien er sich vorzugsweise angeschlossen habe. Der Name Psychologie, den er einem Abschnitte seiner Isagoge giebt[1]), und den er wie einen behandelt, der längst Heimatrecht in der philosophischen Terminologie hat, weist uns auf Wolff, denn dieser hat ihn ja wieder ständig angewendet, nachdem er vorher fast ganz ausser Gebrauch gekommen war. Und in der That hat Gesner in seinen psychologischen Anschauungen manches mit Wolff gemeinsam, vor allen ein doppeltes: die Ablehnung der Leibnizischen Monadologie und der Lehre von der prästabilierten Harmonie. Des grossen Leipzigers scharfsinnigen Ausführungen in der Monadenlehre hat er offenbar nicht zu folgen vermocht, und wo er auf das Verhältnis zwischen Leib und Seele zu sprechen kommt, da meint er[2]), die Theorie der prästabilierten Harmonie annehmen heisse, gegen den allgemeinen Menschenverstand streiten und den Begriff von Ursache und Wirkung aus der Welt schaffen; von vielen werde diese Lehre nur deshalb angenommen, weil sie eben von Leibniz stamme[3]). Überhaupt, das sei gleich hier bemerkt, finden sich solche tadelnde Bemerkungen über blinden Autoritätsglauben bei ihm noch oft. Noch weniger freilich als die Leibnizische Lehre befriedigt ihn die occasionalistische Assistenztheorie eines Geulinx und Malebranche; er thut sie mit der kurzen

---

[1]) 823—856. [2]) 889 f. [3]) 888.

Bemerkung[1]) ab, gegen sie zu disputieren sei heute kaum noch von Interesse, sie spreche selber gegen sich. So entscheidet er sich für den Cartesianischen naturalis influxus[2]), quae hypothesis notionibus communibus non magis repugnat, quam sententia de deo, ut auctore, ita motore etiam huius universi.

Anlehnungen an Wolff finden sich also bei Gesner, und wir werden solchen auch im weiteren Verlaufe dieses philosophischen Teiles begegnen; aber angesichts des geradezu ungeheueren Erfolgs, den die Wolffsche Philosophie in Deutschland hatte, muss uns das nur sporadische Auftauchen Wolffscher Gedanken bei Gesner wundern. Der Grund sei ein für allemal gleich hier angegeben: Gesner hatte eine ausgesprochene Abneigung gegen diesen Philosophen. Er erkannte sehr richtig und spricht es offen aus, dass Wolff in der Hauptsache von Leibniz abhängig sei[3]); ingenium und — das ist besonders bemerkenswert — mathematisches Talent spricht er ihm zwar nicht ab, aber im Vergleiche zu Leibniz sei er gar nichts; er habe den Ideen desselben nichts Neues hinzugefügt, und sein einziges Verdienst bestehe darin, dass er die vielfach verstreuten Sentenzen Leibnizens gesammelt habe; daneben aber habe er auch vieles mit niedergeschrieben, was er gar nicht verstanden habe, und ausserdem habe er sich mitunter zu Kindereien und Spitzfindigkeiten verstiegen*).

Schon dieses rein äusserliche Urteil lässt uns vermuten, dass Gesner sich mehr an Leibniz angeschlossen habe, und in der Psychologie vertritt er thatsächlich im allgemeinen den Standpunkt dieses Philosophen. Als Seele bezeichnet er[5]) mit Plato dasjenige, was unserm Körper Bewegung, d. h. Leben giebt; denn

---

*) So geht es noch ein Weilchen fort; des allgemeinen Interesses halber sei nur noch ein Satz mitgeteilt, weil er zugleich ein Urteil über Leibniz mit enthält: Quae ab Leibnitio erant proposita ad tentandos homines, ut harmonia praestabilita ille cupide arripuit et proposuit serio ... nam[4]) Leibnitius illusit homines et experiri voluit, quousque produci possit assentiendi bruta hominum humilitas et imprimis, quo tandem possit producere machinam suam demonstrationis Wolffium, nam videbat hoc Leibnitius, quidquid dicat, quantumvis sit ieiunum, illud demonstrari a Wolffio.
[1]) 886. [2]) 887 f. [3]) 804. [4]) 890. [5]) 803. 1030.

die Seele besitzt eine Kraft, ja einen Trieb nach beständiger Veränderung und Bewegung, und dieser Trieb äussert sich in den beiden Grundvermögen des Erkennens und Begehrens[1]). Diese beiden, Erkennen und Begehren, sind aber nicht eigentlich koordiniert. Denn darin ist Gesner mit Leibniz einig, dass das, was als gut angesehen wird, notwendig auch gewollt werden muss[2]). Gut aber ist, was uns vollkommener macht[3]). Da man nun im Begriff des Guten leicht irren kann[4]), weil etwas nur als gut scheinen kann, ohne es in Wahrheit zu sein, so muss der Verstand immer erst prüfen, d. h. das Wollen ist vom Denken abhängig[5]). Freilich erklärt Gesner an einer anderen Stelle[6]), der Mensch sei von Natur frei, denn in dem Augenblicke, wo er handle, könne er auch nicht handeln oder anders handeln, er könne sein Unternehmen aufschieben, seine Absicht ändern, die Sache von einer anderen Seite ansehen usw., aber diese Willensfreiheit ist immer nur eine relative; denn wie der Mensch in dem gegebenen Augenblicke zu entscheiden und zu handeln habe, das lehre ihn das Gewissen, die Freude über gute und die Reue über schlechte Handlungen, ferner Belohnungen und Strafen aller Art, seien sie nun von menschlicher oder göttlicher Weisheit festgesetzt usw.[7]) Im Grunde also ist das Wollen immer irgendwie determiniert, und Gesners letztes Wort in dieser Frage ist denn auch[8]): „Selbst in den Handlungen der freien Geister geschieht nichts ohne zureichenden Grund."

Auch, was Leibniz von den angeborenen Ideen vorgetragen hatte, findet sich im wesentlichen bei Gesner wieder. Er erkennt[9]) eine insita sive innata dei notitia an; dieselbe sei freilich nicht so zu verstehen, als besässen wir vom ersten Augenblicke unseres Lebens an eine bestimmte Vorstellung von Gott, die sich ohne alles Zuthun, ohne Reflexion und Belehrung aus sich selber vervollkommne, vielmehr könne man nur insofern von einer innata dei notitia reden, als dieselbe zu den notiones communes gehöre, quae merentur assensum sanorum hominum, ubi primum sunt intellectae, oder quae ex notionibus naturalibus ita fluunt, ut intelligantur et tamquam vera cognoscantur, simulac proposita

---

[1]) 815 ff. 823 ff. 1205.   [2]) 870. 860. 1257.   [3]) 860. 1256. 1385. 902.   [4]) 861.   [5]) 1414.   [6]) 873 f.   [7]) 875 ff.   [8]) 878.   [9]) 953.

sunt; d. h. die Vorstellung von Gott ist Axiom, sie existiert nicht explicite und als etwas Bewusstes, sondern nur virtualiter, der Anlage nach im menschlichen Geiste. Die Frage nach den angeborenen Ideen ist nun der Punkt, wo bei Gesner neben die Leibnizischen Gedanken solche von Locke treten. Von diesem, den er immer sehr respektvoll erwähnt, und den er einen vere Socraticus et philosophus doctrina ac vita nennt[1]), entlehnt er zunächst den bekannten Satz, auf den er wiederholt[2]) zurückkommt: nihil est in mente, quod non fuerit in sensibus. Vor allem aber erinnert an den englischen Philosophen der Ausdruck sensus internus, der bei Gesner überaus oft wiederkehrt. Was versteht er darunter? Zunächst ebendasselbe wie Locke, nämlich die Wahrnehmung der Thätigkeiten des eigenen Verstandes. Daneben aber finden sich Stellen, wo der Ausdruck entschieden mehr besagt, so dass ich kein Bedenken trage, ihn dann mit „Gefühl" zu übersetzen und zwar in demselben Sinne, wie wir heute dieses Wort gebrauchen. Als Vater der Ansicht, dass neben Vorstellen und Wollen das Fühlen als die dritte Grundkategorie des seelischen Lebens anzusehen sei, gilt Johann Georg Sulzer, der bereits 1751 und 1752 an der Berliner Akademie Vorträge über diese Gedanken hielt. 1755 schloss sich ihm dann Mendelssohn in seinen „Briefen über die Empfindungen" an, und 1761 kam Jacob Friedrich Weiss in einer von Sulzer durchaus unabhängigen Schrift zu demselben Ergebnis. So ist es gewiss nicht zu viel behauptet, wenn man sagt, dass um die Mitte des vorigen Jahrhunderts — und gerade in dieser Zeit entstand ja Gesners Isagoge — die Ansicht schon ziemlich weit verbreitet war, dass zwischen Denken und Wollen noch eine dritte Seelenfunktion, eben das Gefühl, anzunehmen sei. Wenn man sich dies vergegenwärtigt, dann wird man auch die Übersetzung sensus internus = Gefühl nicht mehr für so kühn halten, als sie auf den ersten Blick erscheinen kann. Aber hören wir Gesner selbst! Zunächst gebraucht er sensus internus als zusammenfassenden Ausdruck für amor subolis, societatis desiderium, sensus atque amor pulchri, conscientia boni, turpis, recti etc.[3]), und diese wieder bezeichnet er als menschliche

---

[1]) 807. [2]) 807. 829. 851. 833. 835. [3]) 1229.

Grundtriebe. Ein Blick in die englische Philosophie, wo man bekanntlich bezüglich des Gefühls, als des dritten Seelenvermögens, zu ganz ähnlichen Ergebnissen, wie in der deutschen, kam, und wo man ebenfalls viel mit dem „Sinn fürs Schöne" und dem „Sinn fürs Gute" operierte, macht die Wiedergabe des sensus internus mit „Gefühl" nur noch gewisser. Aber der sensus internus ist nicht bloss „Neigung", wie man ihn in den eben angeführten Beispielen übersetzen könnte, er hat vielmehr einen sittlichen Inhalt: etiam homines professae impietatis non potuerunt tollere hunc sensum (internum) quem conscientiam vulgo vocamus[1]); der sensus internus wird also mit dem Gewissen geradezu identifiziert, das Gewissen aber ist nicht etwas durch die Erziehung im Menschen Geschaffenes, sondern etwas von Gott Stammendes, d. h. etwas der menschlichen Seele ursprünglich Innewohnendes. Als Beurteilungsvermögen spielt der sensus internus eine wichtige Rolle, er muss stärker, mächtiger sein als alles Vernünfteln (rationum subtilitas)[2]); demgemäss ist er ausschlaggebend, wo der Mensch zwischen zwei Handlungen von unbekanntem oder verschiedenem sittlichen Werte schwankt. Ferner ist beachtenswert, was eigentlich in den Abschnitt über Erkenntnistheorie gehört, was aber besser gleich hier seinen Platz findet: nescio utrum multum tribuendum sit argumento a conscientia humana desumto, quo probare quidam volunt deum esse[3]); dass er aber trotzdem geneigt ist, einen solchen Beweis für das Dasein Gottes aus den Gefühlen des Gewissens anzunehmen, geht aus zahlreichen Redewendungen nicht nur in seiner Isagoge, sondern auch in anderen Schriften hervor: conscientia facit, ut aliquis etiam invitus agnoscat ius talionis divinae[4]). Ferner: ipsam non magis posse suis viribus durare materiem, quam ortus sui sibi initium dare, facilius sentiamus, si ipsi in nos descendamus dispiciamusque, an sit in nobis aliquid, quod vel ad parvum temporis momentum prorogare vitam possit[5]). Endlich: saepissime sentimus omnes, si in nos descendere volumus, in molestis rebus, quae nobis accidunt, charactera illius rei, qua videmur illa mereri[6]). Dass dieses gewisse Etwas in uns, mögen wir es nun Gefühl oder Gewissen oder sonstwie nennen, Erkenntniskraft besitzt, geht vielleicht am

---

[1]) 876. [2]) 875. [3]) 876. [4]) 1217. [5]) 987. [6]) 1377.

deutlichsten aus einer Stelle hervor, wo Gesner ein Werk des
Engländers (!) Matthew Hale aufs angelegentlichste empfiehlt;
dort werde ausgeführt, sagt er[1]), wie jedes Übel, das uns im
Leben begegnet, einen Charakter, ein Zeichen an sich trägt: ex
quo, si in nos descendamus, cognoscere possimus, non modo nos
hoc meruisse, sed etiam, cur hoc nunc nobis accidat et ubi meru-
erimus. Diese Beispiele, denke ich, zeigen soviel klar und deutlich, dass Gesner neben der Vernunft noch eine andere Erkenntnisquelle im Gewissen, im Gefühle sieht, mithin auch zwischen Vorstellen und Wollen das Fühlen als drittes Grundvermögen der
menschlichen Seele einschiebt. Wenn Gesner dabei mehr unbe-
wusst handelt, und das Fühlen noch lange nicht als völlig gleichwertig neben Denken und Wollen zu stehen kommt, so zeigt
sich darin nur, dass der neue Gedanke noch nicht zur Reife gelangt, die neue Klassifikation der psychologischen Thätigkeiten
noch erst im Werden begriffen ist.

Die Philanthropinisten und Neuhumanisten vertreten im
wesentlichen dieselben psychologischen Anschauungen wie Gesner.
Basedow bekennt schon in der Philalethie[2]), dass er in seinen
jungen Jahren die Monadenlehre und die prästabilierte Harmonie
nur mit Widerwillen angenommen und sich bald von beiden als
einem „philosophischen Roman" wieder losgesagt habe. Die
späteren Philanthropinisten sowohl, wie Neuhumanisten kommen
überhaupt nicht mehr darauf zu sprechen.

Was Basedow im besondern anlangt, so kommt Gössgen[3])
zu dem Ergebnis, jener sei zwischen der 1. und 2. Auflage seiner
praktischen Philosophie von dem Einflusse Rousseaus „gezwungen
worden, das Gefühl als dritten Faktor des geistigen Lebens dem
Wollen und Denken als gleichwertig zur Seite zu stellen." Ich
habe leider nirgends bei Basedow, auch in der 2. Auflage seiner
praktischen Philosophie nicht, eine Stelle finden können, wo
Denken, Fühlen, Wollen in gleich starker Betonung als die
Grundfunktionen der menschlichen Seele hingestellt würden.
Gössgen baut seine Behauptung im letzten Grunde einzig und
allein auf den Satz „in dem Menschen den Menschen und in dem

---

[1]) 1217. [2]) I, 472 ff. [3]) 76.

Kinde das Kind zu sehen", eine Phrase, mit der Basedow allerdings dann und wann operiert und die er auch von Rousseau entlehnt haben mag, die aber keineswegs durchschlagend für unsere Frage ist. Wir werden noch des öfteren hören, wie auch Gesner immer wieder auf Pflege wahrer Humanität dringt, wie er mahnt, den Mitmenschen mit Freundlichkeit und Nachsicht und den Kindern mit Liebe und Geduld zu begegnen. Inhaltlich existierte der Satz „in dem Menschen den Menschen zu sehen" auch schon vor Rousseau und Basedow. Freilich bemüht sich nun Gössgen, seine Behauptung noch durch Beweise zu stützen; er citiert — leider nur — drei Sätze aus der 2. Auflage der Basedowischen praktischen Philosophie, die sich allerdings in der 1. Auflage nicht finden. Aber er lässt Sätze unerwähnt, die in der 1. Auflage stehen und die denen aus der 2. Auflage schwerlich nachstehen. So sagt z. B. Basedow in der 1. Auflage: „Wer ein göttliches Gesetz glaubt, der hat auch ein Gewissen oder eine Neigung zu urteilen, ob seine Handlungen vor Gott recht oder unrecht sind"[1]. „Die Gewissheit unserer ewigen Glückseligkeit durch Gott muss aus der Überzeugung von seiner unendlichen Güte und Macht, aus dem Gefühle, mit allem Eifer gottselig zu leben usw. entstehen"[2]. „Wer ein beschwertes Gewissen hat, kann nicht ohne Zittern an Gott denken"[3]. „Der innerliche Gottesdienst ist notwendig, denn wir sind schuldig, Gott zu gehorchen, ihn zu lieben und Dankbarkeit und Vertrauen gegen ihn zu empfinden"[4]. „Spötter des Gebetes redet nicht wider Euer Gewissen!"[5] In der Philalethie[6] nennt er sogar das Gewissen „das innerliche Gefühl von dem Dasein und den Eigenschaften Gottes". Und solchen Beweisen gegenüber behauptet Gössgen[7], Basedow habe früher „das Vorhandensein von ursprünglichen sittlichen Gefühlen und von einem Gewissen nicht zugegeben!" Übrigens definiert Gesner das Gewissen als das iudicium de actionibus suis cuiusque vel praecedens vel consequens[8]); beachtet man namentlich das praecedens und erinnert man sich, dass das Gewissen nach Gesner etwas von Gott der menschlichen Natur Eingepflanztes war, so steht

---

[1] 583.   [2] 592.   [3] 593.   [4] 632.   [5] 644.   [6] I, 417 vergl. m. 471.
[7] 81.   [8] 1217.

dieser Ausspruch dem Basedowischen „Gott befiehlt uns durch Vernunft und Gewissen, weislich und nach der Liebe zu handeln"[1]) inhaltlich wahrlich nichts nach. Alle diese Beispiele, denke ich, wiegen schwer genug, um wenigstens soviel mit Recht behaupten zu können, dass Basedow in seinen ersten Schriften wesentlich auf demselben Standpunkte wie Gesner stand, d. h. dass auch er den unbewussten Drang hatte, neben Vorstellen und Begehren noch ein drittes Seelenvermögen anzunehmen, mag man dieses nun Gefühl oder Empfindungsvermögen oder Billigungsvermögen nennen, oder wie man sonst will. Wenn sich gleichwohl nicht verkennen lässt, dass diese dritte Seelenfunktion in den späteren Schriften Basedows stärker und bewusst betont wird, so liegt doch nichts näher, als den Grund dazu in der Entwickelung zu suchen, die dieser neue Gedanke alsbald von den verschiedensten Seiten erfuhr. Ein Blick in die einschlägige Litteratur jener Zeit hätte Gössgen zu demselben Ergebnis führen müssen. Zusammenfassend geurteilt kann ich also, was die psychologischen Anschauungen betrifft, nicht einen so grossen Unterschied zwischen dem Basedow vor und nach 1768 finden, wie Gössgen. Die Ansichten Basedows z. B. über den Zweck der Philosophie[2]), über das Wesen und die Erlangung der Glückseligkeit, über den Nutzen der Religion, ferner die Art, wie er alles vernunftmässig begründet und beschreibt, wie er auch für die einfachsten und verborgensten Vorgänge eine umständliche Beschreibung giebt, das alles zeigt, dass er auch trotz der Beeinflussung durch Rousseau den Menschen vorwiegend als vernünftiges Wesen betrachtet, „welches im Falle richtiger Belehrung und Anwendung der Vernunft den Zustand der Vollkommenheit erreichen kann"[3]). Davon, dass Basedow nach 1768 „das Gefühl als dritten Faktor des geistigen Lebens dem Wollen und Denken als gleichwertig zur Seite gestellt" habe, kann nicht im entferntesten die Rede sein.

Über diesen Standpunkt gehen, wie gesagt, im allgemeinen auch Basedows Mitarbeiter und Nachfolger nicht hinaus. Erst in der Pädagogik F. A. Wolfs finden wir wirklich das Gefühl in seiner wahren Bedeutung erkannt und als gleichberechtigten

---

[1]) Prakt. Phil.² I, 100. Vergl. Gössgen 74. [2]) Pr. Phil.² Vorrede.
[3]) Gössgen 10.

Faktor des geistigen Lebens dem Wollen und Denken zur Seite gestellt. Unmittelbar spricht er das freilich nicht aus, aber aus zahlreichen Stellen geht es unzweifelhaft hervor; ich werde bei Gelegenheit daran erinnern.

Nicht ganz unerwähnt mag schliesslich noch bleiben, dass Ernesti, obgleich er in allen wichtigen Fragen mit Gesner fast bis aufs Wort übereinstimmt, und obgleich ihn Wyttenbach in seiner vita Ruhnkenii[1]) einen Wolfianae rationis reprehensor nennt, hin und wieder doch eine gewisse Neigung zu einem strengeren Wolffianismus zeigt. Indessen sind die Belegstellen viel zu selten, und vor allem, was ja hier die Hauptsache ist, für die Pädagogik von viel zu geringer Bedeutung, als dass es sich lohnte, des weiteren darauf einzugehen.

Wer sich einigermassen in die philosophischen Ideen unserer Autoren eingelesen hat, der merkt gar bald, dass Psychologie nicht gerade zu ihren stärksten Seiten gehört. Am ausführlichsten äussert sich noch Gesner, wie denn seine Isagoge überhaupt bei weitem das übersichtlichste und am meisten durchgearbeitete von allen hier in Betracht kommenden Werken ist. In der Hauptsache geben sie alle Leibnizische Gedanken wieder. Daneben finden sich aber auch Ideen von Locke, die jenen, den Leibnizischen, mitunter geradezu widersprechen. Mit der Kritik der Vorstellungen nahm man es eben nicht sonderlich genau. Vor allem aber ist zu betonen, dass sich auch bei Gesner schon Spuren finden, die auf die Anerkennung einer dritten Grundkategorie des seelischen Leben abzielen, dass sich somit die Annahme einer Beeinflussung Basedows durch Rosseau in dieser Beziehung als überflüssig erweist.

II. Erkenntnistheorie.

Die Seele, so sahen wir bei Gesner, äussert sich in zwei Grundkräften, dem Erkennen und Begehren. Das Erkennen kann nun wieder zweifacher Art sein: entweder verworren, konfus; oder deutlich, distinkt[2]). Dementsprechend wird das gesamte Erkenntnisvermögen eingeteilt in ein unteres und in ein oberes[3]); das

---

[1]) 111.   [2]) 825 f.   [3]) 826.

erstere, das auch die bruta animalia besitzen, umfasst Empfindung, Einbildungskraft und Gedächtnis, das letztere Aufmerksamkeit, Verstand und Abstraktionsvermögen oder Vernunft. Vollkommen distinkte Erkenntnis ist nur bei Gott [1]. Das Erkennen als blosses Wahrnehmen heisst perceptio, das bewusste dagegen adperceptio u. s. w.[2]. Diese Leibnizischen Gedanken — es wäre zwecklos, sie noch weiter zu reproduzieren — sind nun sehr stark von empiristischen durchdrängt. Lockes Satz nihil est in intellectu etc. spielt, wie schon erwähnt, eine Hauptrolle, unbekümmert darum, dass daneben Leibnizens Lehre von den angeborenen Ideen zu Recht bestehen bleibt. Angesichts solcher Widersprüche wird es alsbald offenbar, dass Gesner, wenn er sich in den Abschnitten „Ontologie" und „Logik" des längeren und breiteren über die Grenzen und Gesetze der menschlichen Erkenntnis ergeht, diese Dinge doch nur bespricht, weil es einmal seine Aufgabe ist, seine Hörer damit bekannt zu machen. In Wahrheit ist er weit davon entfernt, auf die spekulative Vernunft viel zu geben. Wiederholt spricht er das unverhohlen aus: „Die Logik ist keine Vernunftlehre; zwischen dem Geben blosser Vernunftvorschriften und dem wirklichen Verbessern der Vernunft besteht ein Unterschied"[3]. „Denken lernt man ohne künstliche Methode, ohne Logik. Nicht genug kann man das unserer Zeit (!) einschärfen. Alle Bücher, die dem Unterrichte der akademischen Jugend dienen, beginnen mit den Worten: ‚Vor allem muss durch die Vernunftlehre u. s. w.' Die Vernunft lässt sich nicht docieren. Wer sich eine Zeit lang mit Dialektik oder Logik beschäftigt hat, der kann vielleicht (!) gewisse (!) Irrtümer leichter erkennen, aber Vernunft selber darf er von dieser Kunst nicht erwarten; es ist ein Elend, dass viele philosophisch gebildete Männer glauben, die gegenwärtigen Streitereien rührten daher, dass die streitenden Parteien keine Logik besässen; freilich besitzen sie Logik, sie wenden sie bloss nicht richtig an"[4]. „Diese Beispiele sollen absichtlich zeigen, dass diejenigen, die keine Logik gelernt haben, besser Schlüsse ziehen, als diejenigen, die das mit Mühe vollbringen"[5]. „Die Logik verhält sich zum richtigen Denken, wie die Optik zum wirklichen Sehen"[6]. Und in dem „Bedenken" endlich heisst es[7]: „Wer

---

[1]) 968. [2]) 825. 827. [3]) 805. [4]) 823 f. [5]) 1083. [6]) 1012. [7]) 366.

aus dem System der Logik vernünftig werden will, dem wird es gehen, als wenn man ein Kind aus dem Borello de motu animalium, oder einer anderen Anwendung der höheren Geometrie auf den Bau unserer Glieder, wollte gehen, stehen und laufen lernen." So kommt er zu dem Schlusse, dass man junge Akademiker vor einer eingehenden Beschäftigung mit Logik oder Dialektik eigentlich warnen müsse[1]), weil dies geradezu schädlich sei[2]), und er beruft sich[3]) auf einen Brief Leibnizens, in dem dieser sich darüber beklagt, dass in den Schulen statt der humanistischen Wissenschaften die Logik und die übrige Philosophie gelehrt werde, ein Brief, der darum verdiene, mit goldenen Lettern in den Hörsälen der Philosophie ausgehängt zu werden. Nicht günstiger urteilt er über die Metaphysik[4]), auch ihr Nutzen ist sehr gering, auch sie wird am besten in Schulen und von jungen Studierenden fern gehalten.

Gegenüber dieser „künstlichen Logik" redet nun Gesner des öfteren von einer „natürlichen"[5]); sie lässt er gelten; sie hält er für vollständig ausreichend, ja für besser; sie empfiehlt er in dem „Bedenken" für den Schulunterricht[6]). Es ist die Logik des gesunden Menschenverstandes, mit der er es hält, und wenn es ja aus den soeben angeführten abschätzigen Urteilen über die spekulative Philosophie noch nicht klar genug hervorgegangen sein sollte, an welchen Philosophen er sich vorzugsweise anschliesst, hieran erkennt man es deutlich: es ist Thomasius. Wie dieser, so erblickt auch Gesner den Zweck alles Wissens darin, dass der Mensch lerne, das Wahre vom Falschen und das Gute vom Bösen zu unterscheiden, und dementsprechend richtig und nützlich zu leben.[7]) Wie darum Thomasius bereits in seiner philosophia aulica fordert, dass die Philosophie in engere Beziehungen zum realen Leben trete, so schreibt auch sein Schüler ganz aus der Ansicht heraus, dass die philosophischen Erkenntnisse den praktischen Zwecken des Lebens dienstbar gemacht werden müssen, daher auch bei ihm, wie eben gezeigt, eine starke Abneigung gegen alle Spekulation, die keine positiven Wahrheiten zu Tage fördert. Denn wahr ist nur, von dem wir wissen, dass es auch wirklich so ist[8]), oder wahr ist dasjenige, bei dem der Name zutrifft[9]), d. h. etwas

---

[1]) 72. [2]) 1012. 1128. [3]) 1012. [4]) 826. 814. 902. 1012. [5]) 1015. 1021.
[6]) 365 f. [7]) 651 ff. 815 ff. [8]) 856. [9]) 902.

philosophischer ausgedrückt, wahr ist, was mit der Sinneswahrnehmung übereinstimmt. Das ist aber ganz die Thomasische Definition¹). Die Erfahrung ist also die vornehmste Erkenntnisquelle. Dass Gesner daneben teilweise auch den sensus internus als eine solche benutzt, haben wir bereits im vorigen Abschnitte gesehen. So stehen also in Gesners Erkenntnislehre empiristische und rationalistische Elemente dicht nebeneinander, und wir können nach alledem auch auf ihn anwenden, was Erdmann von Thomasius sagt: „Er will das Plausibelmachen an die Stelle strenger Demonstration, den gesunden Menschenverstand an die Stelle der Spekulation setzen."

Etwa 20 Jahre nach Gesner schreibt Basedow in der 2. Auflage seiner praktischen Philosophie: „Es ist nicht viel Weisheit und Heil in einer Logik und Metaphysik"²). Es leuchtet nach dem soeben Dargelegten ein, dass Gesner diesen Satz Basedows, wenn er ihn in dieser Fassung gekannt hätte, ohne weiteres würde unterschrieben haben. In der That finden wir — um nur an das Wichtigste zu erinnern, denn es hiesse Eulen nach Athen tragen, dies im einzelnen noch weiter nachzuweisen, da dies bereits Gössgen gethan hat — in der That, sage ich, finden sich auch bei Basedow rationalistische und sensualistische Gedanken in engster Verknüpfung, auch er spekuliert nicht lange über diesen oder jenen Satz, sondern beurteilt seine Wahrheit kraft des gesunden Menschenverstandes. Dasselbe gilt auch von den übrigen Philanthropinisten, mit dem Unterschiede nur, dass bei ihnen der Empirismus noch viel mehr hervortritt. Campe, Bahrdt, Stuve, Villaume, Trapp, sie alle wenden sich in ihren Schriften durchaus an die „unphilosophische Welt"; bei ihnen ist der gesunde Menschenverstand nicht mehr bloss ein Kriterium, sondern das Kriterium der Wahrheit. — So besteht also zwischen Gesner und den Philanthropinisten eine weitgehende Übereinstimmung: Die Vernunft ist weder die einzige Quelle, noch die höchste Norm für unsere Erkenntnis, sondern auch das Gefühl, vor allem aber die Erfahrung kommen als solche in Betracht. Ist aber dieser Satz richtig, dann ist der folgende von Gössgen³) hinfällig: „Dass Basedow die Anregung zu solchen (nämlich empi-

---

¹) Vergl. Windelband I, 492 f. ²) Prakt. Philos.² Vorrede XII. ³) 75.

ristischen, die Logik und Metaphysik verachtenden) Gedanken von anderer Seite (als von Rousseau) empfangen habe, ist nicht zu glauben und kann auch nicht behauptet werden, da keine andere Quelle aus jener Zeit bekannt ist, aus welcher derartige Gedanken hervorgegangen sein könnten." Nun, ich behaupte allerdings, dass solche Quellen vorhanden gewesen sind; ein Gewährsmann dafür ist mir Gesner. Er beruft sich selber auf solche Quellen, oder wenigstens auf Männer, mit denen er seine Anschauungen teilte und deren Namen damals einen guten Klang hatten: Haller, Segner, Zeidler, D'Alembert, Thomasius u. s. w. Schon in der Psychologie haben wir ausserdem gehört[1]): volunt quidam testimonio a conscientia desumto probare deum esse. Man sieht also, Männer, die es tadelten, dass man mit dem spekulativen Denken alles erreichen wollte, gab es überall, und es fehlte auch nicht an solchen, die den Glauben an Gott unmittelbar aus dem Gewissen, dem Gefühl herleiteten. Wenn nun Gesner schon solche Männer, solche „Quellen" kennt, — sollen sie da Basedow zehn und zwanzig Jahre später, wo sie zweifelsohne noch zahlreicher waren, gänzlich unbekannt gewesen sein? Es wird ja kein Mensch verlangen, dass sich Gössgen bei seinen Vorarbeiten über Basedow eingehend mit Gesnerschen Schriften habe bekannt machen sollen, aber die zahlreichen Autoren, die Basedow als seine Gewährsmänner anführt, hätten ihn doch aufmerksam machen sollen. Vor allem aber hätte ihn Thomasius davon überzeugen müssen, dass nichts wahrscheinlicher, weil natürlicher sei, als dass Basedow durch die Lektüre nicht Rousseauischer, sondern Thomasischer, also deutscher Schriften veranlasst worden sei, „von der schwindelnden Höhe in die niedrigen Gegenden des philosophischen Denkens herunterzusteigen"[2]).

Auch Ernesti kann bis zu einem gewissen Grade als Gewährsmann angerufen werden. Auch auf ihn beruft sich Basedow und er erkennt dankbar an[3]), dass er in den Initia „mehr durch Wortspiele nicht entstellte Wahrheit in der vortrefflichsten Schreibart, als in den meisten bandreichen Systemen vieler Teutschen, die nur als Philosophen der Welt zu nützen gesucht haben", gefunden habe. Ich habe nun zwar in den Initia nirgends einen

---

[1]) 876. [2]) Prakt. Phil.² Vorrede XII f. [3]) Philal I, 473 f.

offenen Ausspruch darüber finden können, was Ernesti von dem Werte der Logik und Metaphysik gehalten hat — wie denn die Initia überhaupt, so gut wie gar keine persönlichen Urteile des Verfassers wiedergeben — auch Andeutungen über ein drittes Seelenvermögen sind ganz vereinzelt und zudem unsicher. Beispielsweise kennt Ernesti Ideen von Dingen, quae cerni tantum animo atque intelligi possunt, ut virtus, deus: quae partim sensu interno et conscientia, partim alio quocumque modo intelliguntur[1]). Wie gesagt, solche Stellen sind nicht entscheidend; erstens sind sie zu selten und zweitens kann sensus internus im Lockeschen Sinne aufgefasst und conscientia mit „Bewusstsein" wiedergegeben werden. Aber Gesner, durch mehrjährige gemeinsame Thätigkeit an der Thomasschule und darnach in inniger Freundschaft bis an seinen Tod mit Ernesti verbunden, verweist sehr oft auf die Initia und rühmt ihre Zweckmässigkeit, d. h. ihr Bestreben, alles Überflüssige und Unpraktische beiseite zu lassen und dafür vor allem darüber Belehrungen zu geben, worin gemeiniglich zumeist gefehlt werde. An Ernesti, so bemerkt er am Ende seiner Abhandlung über die Logik[2]), habe er sich denn auch zum grossen Teile angeschlossen. Sind wir schon nach diesem Urteile Gesners und nach den engen Beziehungen der beiden Männer untereinander einigermassen zu der Annahme berechtigt, dass auch Ernesti nicht eben viel Weisheit und Heil in der Logik und Metaphysik gefunden habe, so ausführlich er sie in seinem Lehrbuche auch abhandelt, so wird diese Vermutung zur Gewissheit durch die kleine Rede: de philosophia populari. Si philosophia loqui posset, sagt er dort[3]), haud dubie ipsa se popularem esse cupere profiteretur und schliesslich ruft er mit Diderot aus, an dessen Pensées sur l'interprétation de la Nature er sich anlehnt: Studeamus philosophiam popularem efficere[4]). Endlich sei auch noch ein Zeugnis von Wyttenbach aus der vita Ruhnkenii angeführt. In Deutschland hätten, heisst es dort[5]), als der immoderatus Wolfiani studii fervor die Wissenschaft heimsuchte, allen voran Gesner und Ernesti diese, nämlich die Wissenschaft, kräftig geschützt; beide haben also in entschiedenem Gegensatz zu diesem immoderatus fervor gestanden.

Von Heyne berichtet uns Heeren[6]), dass er „überhaupt

---

[1]) S. 134. [2]) 1128. [3]) p. IV. [4]) p. VII. [5]) 111. [6]) 418.

wenig Sinn für Spekulation hatte", und dass „in seinem Alter die Kantische Philosophie ebensowenig auf ihn wirkte, wie in seiner Jugend die Wolffische gewirkt hatte". Desgleichen erfreute sich auch die Philosophie bei Wolf nicht einer besonderen Gunst. Zahlreiche Belege stehen uns dafür zu Gebote. Vor allem hatte er einen starken Widerwillen gegen alle philosophischen Konstruktionen. So erzählt uns Körte[1]): Fichte hatte von Jena durch Hülsen den Philologen Wolf in Halle besonders grüssen und ihm sagen lassen, dass er auf dem Wege der philosophischen Konstruktion ganz zu demselben Resultat über die homerischen Gesänge gelange, welches Wolf durch seine geistreichen philologischen Forschungen gefunden habe. Dieser äusserte zu Hülsen, es habe Völker gegeben, von denen nur noch die Namen und diese bloss in alten Lexikographen vorkämen; es würde hübsch sein, wenn Fichte die Geschichte dieser Völker lieferte, da er doch dergleichen a priori zu finden wisse.

Auf beiden Seiten begegnet uns also eine Erkenntnistheorie, in der rationalistische und empiristische Ideen kritiklos nebeneinander stehen; und wenn auf philanthropinistischer Seite die letzteren schliesslich überwiegen, so entspricht das durchaus dem Niedergang der Leibniz-Wolffischen Schule und der Verflachung des philosophischen Denkens überhaupt. Die Erfahrung, schon bei Gesner eigentlich die wichtigste Erkenntnisquelle, wird als solche um so stärker betont, je weiter sich die betreffenden Autoren zeitlich von ihm entfernen.

III. Religionsphilosophie.

Thomasius hatte durch seine grundsätzliche Trennung zwischen Philosophie und Theologie bewirkt, dass im Gegensatz zur Gottesgelehrtheit allmählich der Name Weltweisheit aufkam. Ganz ebenso verfährt Gesner. Er unterscheidet streng zwischen vernunftmässiger und offenbarungsmässiger, religiöser Erkenntnis und tadelt es scharf, dass man beide so oft vermenge, indem man die einzelnen Wahrheiten des Christentums, die einzig und allein in der heiligen Schrift, in der Offenbarung ihren Ursprung haben, durch Analogien in anderen Religionen teils zu stützen, teils zu

---

[1]) 309.

stürzen suche¹). Von dieser Grundlage aus entwickelt er dann Anschauungen, die einem Orthodoxen der damaligen Zeit alle Ehre machen; und wenn er auch auf der einen Seite die Notwendigkeit einer Offenbarung leugnet, so preist er sie doch auf der anderen Seite als eine grosse Wohlthat Gottes²). Seiner grossen Verehrung der Pietisten giebt er gelegentlich offenen Ausdruck³); auch das erinnert uns an Thomasius. In der Isagoge erfahren wir eben wegen der Beschränkung der Philosophie auf das Untergöttliche nur wenig über Gesners Christentum; um so mehr verrät uns die Schulordnung. In der Isagoge behandelt er vorzugsweise und ziemlich ausführlich die Natürliche Theologie. Denn wie alle Männer der Aufklärung, so ist auch er ein entschiedener Anhänger derselben. Auf seine Darstellung, die sich ganz an Leibnizens Theodicee (qui pulcherrimus inter omnes Leibnitii libros est⁴) anlehnt, näher einzugehen, hat keinen Zweck; sie behandelt der Reihe nach das Wesen Gottes (Gottesbeweise, Eigenschaften), die Werke Gottes (Ursprung des Bösen) und die Verehrung Gottes. Um nur auf die letztere ein paar Sätze zu verwenden, so musste ja Gesner zufolge seiner Ablehnung der Monadologie und der prästabilierten Harmonie, ebenso wie Wolff, zu einer anderen Teleologie als Leibniz gelangen. Wie Wolff — ohne das natürlich so offen anzuerkennen — so sieht auch Gesner den Zweck der Weltschöpfung n dem Bedürfnis Gottes, seine Weisheit und Güte darzustellen⁵), und die Bestimmung des Menschen darin, eben diese Güte und Weisheit Gottes in der Welt nachzuweisen. Hat er sie aber einmal erkannt, dann muss er sie notwendigerweise auch bewundern. Demgemäss hat die gesamte Philosophie die Aufgabe, den Intellekt des Menschen zu bilden⁶), damit dieser seine höchste Bestimmung erfüllen, nämlich die Werke Gottes bewundern könne. In dieser Bewunderung der Gottheit besteht ihre höchste Verehrung⁷); so ist die Welt im letzten Grunde einzig um des Menschen willen da, denn nur er ist ja befähigt, die Gottheit zu bewundern, und es läuft schliesslich alles darauf hinaus, zu zeigen, wie alle Einrichtungen in der Welt der Förderung des Menschen dienen⁸). Damit aber ist an die Stelle der Zweckmässigkeit die

---
¹) 952.   ²) 1010.   ³) 791. 808.   ⁴) 994.   ⁵) 973 ff.   ⁶) 651. 815,   ⁷) 1006.
⁸) 1249.

Nützlichkeit getreten. Welche folgenschwere Perspektive eröffnet sich nicht von hier aus für die Pädagogik! Wir lernen aus dem Vorstehenden Gesner als einen Vertreter jener wunderlichen Mischtheologie kennen, die die schroffsten Widersprüche in sich vereinigte, weil sie zur Hälfte im Deismus, zur Hälfte in der altkirchlichen Orthodoxie wurzelte. Nur so ist es erklärlich, dass Gesner, obgleich selbst einer, gegen die Rationalisten auffällig werden kann, weil sie sich die christliche Religion zu wenig angelegen sein liessen[2]; nur so ist es möglich, dass er einerseits des orthodoxen Arndt „Paradiesgärtlein" als ein wahrhaft „göttliches Buch nicht genugsam loben und empfehlen"[2]) und andererseits angesichts der „Vornehmsten Wahrheiten der natürlichen Religion" von Reimarus ausrufen kann: „Wenn alles vernichtet werden sollte, was wir von modernen Schriftstellern haben, alle Logiken und Metaphysiken, alle Reden, Gedichte und was sonst geistreiche Männer geschrieben haben, — dieses eine Buch wollte ich mir ausbitten[3]!"- Und es ist hinreichend bekannt, wie Reimarus weiter geht, wie er einen grossen Teil der heiligen Schrift als vernunftwidrig und unsittlich verwirft, wie er Widersprüche in den biblischen Charakteren und in den Darstellungen besonders der Evangelisten findet, wie er alles Übernatürliche verneint und das Christentum auf die blosse Moral beschränkt. Und so gewinnt man denn auch bei Gesner durchaus den Eindruck, dass ihm nicht minder die Moral eine, vielleicht die Hauptsache am Christentum ist. Natürlich die religiöse Folge einer Teleologie, wie der eben vorgetragenen, die schliesslich auf weiter nichts als auf Nützlichkeit hinauskam, konnte nur ein pedantisches Moralisieren sein.

Ein ganz ähnliches und noch vollständigeres Bild bietet uns Ernesti. Auch er giebt in seinem philosophischen Hauptwerk, den Initia, eine ausführliche Darstellung der theologia naturalis. Und wenn Gesner die Notwendigkeit einer Offenbarung bestreitet, so beruft er sich ausdrücklich auf Ernesti[4]): in einem laudabilissimum scriptum, wie er es nennt: vindiciae arbitrii divini in religione constituenda habe dieser nachgewiesen, dass die Beweisführungen für die Notwendigkeit einer Offenbarung falsch seien.

---

[1]) 1520. [2]) 1375. [3]) 964. [4]) 1010.

Aus eben diesen vindiciae lernen wir aber nun Ernesti zugleich als durchaus orthodoxen Kirchenlehrer kennen. Und wenn er auch durch seinen Grundsatz rein grammatisch-historischer Exegese und durch den Nachweis des Zeitgeschichtlichen und Individuellen in der Sprache und im Stil der biblischen Autoren nicht wenig zur Auflösung der Inspirationslehre beigetragen hat und eben deswegen manchem strengen Orthodoxen ein Dorn im Auge sein mochte, so wurde ihm doch andererseits allgemein zum grössten Lobe nachgesagt, dass er in der Abendmahlslehre ganz auf der Seite der strengen Lutheraner stand.

Einen Schritt weiter als Gesner und Ernesti gehen nun die Philanthropinisten, d. h. sie gehen den Schritt, den jene noch unterlassen hatten: Für jene ist das Christentum vorwiegend Moral, für diese ist es nur noch Moral. Was Heeren in seiner Biographie von Heyne sagt[1]), das gilt nicht minder auch von ihnen und den noch übrigen Neuhumanisten: Man „beruhigte sich bei der damals erhaltenen Überzeugung von den Hauptlehren der Religion, vor allen denen einer waltenden Vorsehung und eines künftigen Lebens". Wir haben schon in den vorigen Abschnitten gesehen, wie der Sinn für philosophische Spekulation immer mehr abnahm, und das übertrug sich naturgemäss auf den dogmatischen Glauben; man leugnete nicht direkt die Existenz der Gottheit, aber man vermied es, über ihr Wesen und ihre Eigenschaften weiter zu reflektieren. So sprach man ganz allgemein von einer „Vorsehung"; das klang noch nach etwas und hatte zugleich das Gute, dass man sich dabei denken konnte, was einem zusagte. Und in dem Masse, als das Interesse für die objektiven Glaubenswahrheiten schwand, stieg dasjenige für die subjektiven. Natürlich, über Gott und göttliche Dinge konnte man nichts Bestimmtes erfahren, so wendete man sich denn den irdischen Dingen, insonderheit dem Menschen als der Krone der Schöpfung zu, und machte ihn zum Massstab aller Dinge. Daher das allgemeine Verlangen nach Lust und Nutzen; daher die Wertung der Religion vom Standpunkte der individuellen Glückseligkeit aus und im Zusammenhange damit die Betrachtungen über die „Vorteile" der allgemeinen d. h. natürlichen und „über den

---

[1]) 418.

Nutzen und Schaden der geoffenbarten Religion"[1]); daher endlich das Aufkommen der Unsterblichkeitsfrage als eines philosophischen Hauptproblems. Denn wie hätte man „glücklich" sein können, ohne von der Fortdauer der Seele nach dem Tode hinlänglich überzeugt zu sein? Bei Gesner hören wir davon gar nichts, für ihn, den orthodoxen Anhänger des Christentums, verstand sich die Unsterblichkeit der Seele von selbst.

Noch am meisten beschäftigt sich Basedow mit religiösen Fragen. Die erste Auflage seiner praktischen Philosophie steht noch fast ganz im Einklange mit den Sätzen der Kirche. In der Philalethie deckt er die Mängel der natürlichen Religion auf. Christus ist ihm da „der eingeborene Sohn Gottes ohnegleichen", „der grösste unter allen göttlichen Gesandten"; „auch die Apostel sind Gesandte Gottes und Jesu Christi und haben als solche in ihren Unterweisungen und Briefen geredet"[2]). Ja am Schlusse des ersten Bandes entwickelt er ein Gespräch, durch dass er „verschiedene zum Nachdenken fähige Personen zu denen Bekennern Jesu Christi zurückgebracht habe, welche auf seine Erlösung die Hoffnung ihrer Seligkeit gründen". Daneben finden sich andere Sätze in grosser Anzahl, die uns ein ganz anderes Bild von seinen Anschauungen geben. Schon das eben erwähnte Bekehrungsgespräch trägt so deutlich den Stempel des Gemachten an sich, dass Palmer[3]) nicht ganz unrecht hat, wenn er von einer „Sauce aus sentimentalen Phrasen" spricht. Auch ist ihm Christus nicht so sehr der Erlöser und Gottessohn, als vielmehr das vollkommene Muster der Tugend und der Offenbarer der natürlichen Religion[4]). Nehmen wir nun noch die Thatsache hinzu, dass Basedow im Jahre 1761 wegen heterodoxer Lehren von der Akademie zu Soroe an das Gymnasium zu Altona versetzt wurde, und bedenken wir, was eine solche Strafversetzung gerade in einer so aufklärerischen und toleranten Zeit, wie der seinigen, bedeutete, so können wir uns ungefähr vorstellen, wie es in Wahrheit um sein Christentum bestellt sein mochte.

Desgleichen reden auch die anderen Philanthropinisten ab und zu noch vom Christentum und von einer Offenbarung Gottes in Christo, aber dann ist auch für sie Christus weiter

---

[1]) Trapp 278 ff. [2]) I, 607 f. [3]) Bei Schmid S. 255. [4]) Philal. I, 608.

nichts als „der vortrefflichste aller Weisen" und als solcher „von Gott gesandt", um den Menschen „die vernünftigste Religion" in der „besten Moral" zu bringen. — Bis zum Äussersten getrieben finden wir diese Verflachung ja bekanntlich bei Bahrdt, er ist aber eben deshalb schon nicht mehr typisch für die Aufklärung und steht mithin ausserhalb des Rahmens unserer Betrachtung.

Mehr der Vollständigkeit halber, als in Erwartung neuer Gesichtspunkte, werfen wir noch einen kurzen Blick auf Wolf. Über seine Stellung zur Theologie und Religion ist in den vierziger Jahren unseres Jahrhunderts ein ziemlich lebhafter Streit geführt worden. Ich verweise hier auf die wertvolle Beilage in dem Werke Arnoldts[1]): „Über Wolfs Stellung zur Theologie und Religion". Des näheren auf diese Abhandlung und die erwähnten Streitigkeiten einzugehen, halte ich um so weniger für notwendig, als, wie gesagt, sehr wenig für unsern Zweck sich ergeben würde. Ich führe darum nur ihr Ergebnis an. „Wenn eine bestimmte Definition von Wolfs persönlicher Glaubensansicht gegeben werden soll", sagt Arnoldt, „so darf dieselbe nach dem allgemeinen Eindrucke dessen, was wir darüber wissen, wohl nur als ein durch die verschiedenen Wandlungen der Zeitbildung verschieden modifizierter Deismus und Naturalismus bezeichnet werden, als eine Humanitätsreligion, welche ohne spezifisch christliche Färbung, insbesondere ohne tiefere Erfassung der Lehre von der Gnade und Erlösung, die Vervollkommnung des inneren Menschen einzig im Verdienste der Tugend suchte, die namentlich in strenger Pflichterfüllung und thätiger Menschenliebe sich zu bewähren habe". Man sieht, zwischen Wolf und Basedow besteht in diesem Punkte kaum ein Unterschied.

Während also Gesner und Ernesti — das ist das Ergebnis dieses Abschnittes — noch durchaus zu den Vertretern der Orthodoxie gezählt werden müssen — einer Orthodoxie allerdings, die sich nur durch starke Zugeständnisse an den aufkommenden Vernunftglauben zu halten vermochte — tritt von Basedow an das rein Offenbarungsmässige, specifisch Christliche je länger, je mehr zurück. Der Unterschied, der somit zwischen Gesner und Ernesti einerseits

---

[1]) II, 387 f.

und den Späteren andererseits besteht, ist nicht ein qualitativer, sondern nur ein quantitativer: für jene ist das Christentum vorwiegend Moral, für diese ist es nur noch Moral.

IV. Ethik.

Diese moralisierende Tendenz in den religiösen Anschauungen unserer Pädagogen war, wie das bei Gesner eingehender dargelegt wurde, hauptsächlich mit eine Folge der Teleologie. Es lief schliesslich alles darauf hinaus, zu zeigen, wie alle Einrichtungen der Welt bestimmt seien, den Menschen zu fördern, ihn glücklich zu machen. Die Glückseligkeit ist also der oberste praktische Zweck des Menschen. Der Philosophie, auch das sahen wir schon, fällt dabei nur die diesseitige Glückseligkeit zu, für die andere hat die christiana persuasio zu sorgen[1]). Demgemäss hat die gesamte Philosophie eine doppelte Aufgabe: zuerst soll sie zeigen, worin die Glückseligkeit besteht, und sodann, wie sie erlangt wird[2]). An anderer Stelle wies Gesner der Philosophie Schulung des Intellekts und Schulung des Willens als Aufgabe zu[3]). Diese beiden Bestimmungen scheinen sich zu widersprechen, in Wahrheit ist dies nicht der Fall. Zeigt die Philosophie, worin die Glückseligkeit besteht, so wendet sie sich vorzugsweise an den Intellekt, ihre Aufgabe ist eine theoretische; zeigt sie dagegen, wie die Glückseligkeit erreicht wird, so wendet sie sich vorzugsweise an den Willen, ihre Aufgabe ist eine praktische. Worin besteht nun die Glückseligkeit? Antwort: In der Gemütsruhe[4]). Und wodurch wird diese erreicht und gesichert? Durch die Tugend[5]). Denn nur die Tugend bewahrt ein gutes Gewissen, d. h. den inneren Frieden, und nur die Tugend schützt uns vor thörichten Leidenschaften, den Feinden des äusseren Friedens. Damit zerfallen die Pflichten der Tugend oder das ius naturae ganz von selbst in zwei grosse Klassen: in solche nach innen, d. h. gegen uns selbst, und in solche nach aussen, d. h. gegen andere[6]). Vorausgeschickt sei noch, dass Gesner neben diesen beiden auch Pflichten gegen Gott kennt; aber teils bestehen diese in der Erfüllung der beiden ebengenannten Arten[7]), teils gehören

---

[1]) 1010. [2]) 1343. [3]) 815. [4]) 1345 ff. [5]) 1354. [6]) 1272 ff. [7]) 1273 f.

sie in die Theologie. Was nun die Pflichten angeht, die ein jeder gegen sich selbst zu erfüllen hat, so lassen sich dieselben etwa in den Satz zusammenfassen: „Suche allezeit das, was dich vollkommener macht[1]), gleichviel ob es ein geistiges oder ein materielles Gut ist", oder kurz: „Suche was dir Gewinn bringt, was dir nützt". Freilich — Gesner betont das ausdrücklich — darf man den Begriff des Nützlichen nicht verflachen, man darf darunter nicht etwas verstehen, was uns für den Augenblick erfreut, sondern wahrhaft nützlich ist, was uns für Zeit unseres Lebens Gewinn bringt, was unsere gesamte Lebenslage fördert, was uns innerlich besser macht und vor allem, was nicht etwa eine Verletzung der anderen Pflichten einschliesst*). — Die Pflichten gegen andere gipfeln in den beiden Geboten der Gerechtigkeit und der Liebe[2]). Das erstere lautet: quod tibi non vis fieri, alteri ne feceris[3]); das andere dagegen: quod tibi fieri cupis et aequum putas, illud ultro aliis praestato[4]). Nur eine besondere Art des letzteren ist das Gebot der Wohlanständigkeit, des gesellschaftlichen Takts[5]), das Gesner namentlich in den Abschnitten Decorum et venusta humanitas und Coniugii leges weiter ausführt, ohne doch, wie Thomasius, dafür eine bestimmte Formel zu geben. Denn soviel dürfte wohl aus dem bisher Dargelegten klar geworden sein, dass sich Gesner auch in seinen ethischen Grundsätzen, ja hier gerade ganz besonders, eng an Thomasius anschliesst. Wie für diesen, so ist auch für ihn die sittliche Welt Hauptgegenstand[6]) des Interesses. Psychologie, Ontologie, Metaphysik, Logik u. s. w., das alles behandelt er nur mehr, „der Not gehorchend"; hier aber, in der Moralphilosophie, das merkt man deutlich, da schreibt er mit Lust und Liebe, da sucht er interessant zu sein und mit witzigen Anekdoten aufzuwarten. Wenn er gleichwohl hin und wieder in Kleinigkeiten von Thomasius abweicht, oder ausdrücklich auf Pufendorf und Grotius zurückgeht, so fällt das nicht schwer ins Gewicht. Von dem letztgenannten hat er beispielsweise den Satz, dass das ius naturae auch dann Geltung haben würde, wenn es keinen Gott gäbe[7]).

---
*) Ich verweise hier auf die in der Einleitung zur Isagoge S. 3 ff. zum Teil abgedruckte Rede Gesners: utilitas honesti mater non iudex.
[1]) 1275. 1270.   [2]) 1276.   [3]) 1268.   [4]) 1269.   [5]) Anm. vor 1306.   [6]) 1205.
[7]) 1273.

Ja selbst von Wolff hat er manches entlehnt, namentlich was die Pflichten des einzelnen gegen sich selbst betrifft. Trotzdem will er auch hier von jenem nichts wissen: ad Wolfium provocare, sagt er bei Gelegenheit des ius naturae, pudebit sane principes, qui iuris naturae fecit, quidquid fere docet religio christiana[1]). Bei Basedow sucht Gössgen[2]) nachzuweisen, dass der Einfluss Rousseaus eine „Umwandlung des Optimismus in Pessimismus und eine Vertiefung und Veredelung der Auffassung vom Menschen" bewirkt habe. Ich kann dem nicht ganz zustimmen. Zunächst scheinen mir die beiden Ergebnisse schon rein äusserlich genommen in einem unvereinbaren Gegensatze zu stehen; ich kann mir wenigstens nicht vorstellen, wie ein Mensch, der vom Optimismus zum Pessimismus übergeht, gleichzeitig eine vertiefte und veredelte (!) Auffassung vom Menschen gewinnen soll. Doch zur Sache selbst! An einen theoretischen, im besonderen metaphysischen Pessimismus, wie ihn Schopenhauer zuerst vorgetragen hat, und wonach diese Welt die denkbar schlechteste sein soll, kann gleich gar nicht gedacht werden. Wären nicht Basedows Bestrebungen auf dem Gebiete der Pädagogik sonst einfach ein Nonsens? Nach wie vor lebt er vielmehr in der Anschauung, dass diese Welt trotz ihrer mancherlei Unvollkommenheiten die beste, d. h. im ganzen vollkommen und auf die Glückseligkeit ihrer Bewohner angelegt sei. Das ist aber eben die Lehre des Optimismus. Höchstens kann man in den späteren Basedowischen Schriften von einem praktischen Pessimismus sprechen, insofern dieser nämlich die schlechten Zustände übertreibt, um eine Besserung zu erzielen. Allein man darf diesen Umschwung, von welcher Seite er auch immer veranlasst sein mag, doch nicht überschätzen. Die Belege, die Gössgen für seine Behauptung vorbringt, stehen durchaus in keinem Verhältnis zu dem Umfange der nach 1768 von Basedow veröffentlichten Schriften; wo es sich um eine so wichtige Frage handelt, hätten viel mehr Stellen angeführt werden müssen; denn aus drei, genau genommen aus zwei Stellen kann man unmöglich auf eine allgemeine, eine ganze Lebensperiode beherrschende pessimistische Stimmung schliessen, zumal da die Mehrzahl der angeführten

---

[1]) 952. [2]) 77 ff.

Aussprüche Basedows auch qualitativ nichts weniger als durchschlagend sind. Die Einschränkungen, die Basedow macht, wenn er sagt: „Dass die Menschheit in hohem Grade verderbt sei, wissen wir alle"; unser Jahrhundert ist in mancher Bedeutung ganz unheilbar krank"; „wir erleben keine merkliche Besserung" sind immerhin bemerkenswert. Wirklich beweiskräftig ist eigentlich nur der Satz: „Ach, wann wird die Weisheit der Väter und Mütter nicht mehr so ungewöhnlich sein in den höheren Ständen? Alsdann, wenn sie von den niedrigeren lernen, Zufriedenheit und Vergnügen im häuslichen Leben zu suchen und Ehre in hausväterlichen und hausmütterlichen Tugenden"; beweiskräftig sage ich, weil einerseits solche Aussprüche in den früheren Schriften sich nicht finden, andererseits dieser hier allerdings an Rousseau erinnert und mir auch kein anderer Schriftsteller bekannt ist, der in gleicher Weise den oberen Ständen die unteren als Muster vorhält. Immerhin ist dieser Einfluss nur mehr stilistischer Art. Denn ganz entschieden übertrieben ist die Behauptung, dass diese „pessimistischen Aussprüche zu dem früheren Optimismus im schroffsten Widerspruch" ständen; seiner innersten Überzeugung nach war Basedow Optimist von 1752—1790. — Nun zu der „Vertiefung und Veredelung der Auffassung vom Menschen"! Gössgen weist da zunächst nach, dass das Gute jetzt nicht mehr in der äusseren Nützlichkeit allein bestehe, sondern auch auf das Innere des Menschen gehe, indem es diesen „besser und glücklicher" mache. Mag auch eine solche Veränderung in der Auffassung vom Guten bei Basedow stattgefunden haben, — ich bemerke aber, dass Gössgen einen Ausspruch Basedows, in dem das Gute mit dem Nützlichen thatsächlich identificiert würde, nicht anführen kann, und dass seine Darstellung der Ethik Basedows vor 1768[1]) überhaupt mehr eine philosophische Konstruktion auf psychologischer Grundlage, als ein Bericht über Thatsachen ist — aber selbst eine solche Veränderung angenommen, — wo sind die Beweise, dass dieselbe gerade von Rousseau veranlasst worden ist? Gössgen sagt[2]): „Auch bei Rousseau findet sich eine ähnliche Auffassung, nach welcher u. s. w." und das ist ihm merkwürdigerweise Beweis genug. Man braucht

---

[1]) S. 43 ff. [2]) 81.

aber nur ein wenig mit Leibniz oder mit Wolff oder mit Thomasius vertraut zu sein, um zu wissen, dass auch diese Männer — und von ihnen abhängig so und so viele andere — das Gute nicht nur „ähnlich", sondern ganz genau so definieren, nämlich als dasjenige, was den Menschen besser, vollkommener und darum glücklicher macht. Warum aus all diesen Zeugen gerade Rousseau, den allerentferntesten, herausgenommen? — Nicht viel anders verhält es sich mit dem, was Gössgen sodann ausführt[1]): Basedows Ethik, früher wesentlich auf Egoismus gegründet, trage jetzt mehr einen socialen Charakter. Das habe seinen Grund darin, dass Basedow, durch Rousseau umgestimmt, jetzt das Vorhandensein von ursprünglichen sittlichen Gefühlen und von einem Gewissen zugäbe und auch eine natürliche Sympathie des Menschen anerkenne. Das Basedow auch schon vor 1768 das „Vorhandensein von einem Gewissen" nicht leugnet, habe ich bereits in der Psychologie nachgewiesen. Was aber die ursprünglichen sittlichen Gefühle und die natürliche Sympathie des Menschen betrifft, bezüglich deren ich eine gewisse Veränderung bei Basedow nicht in Abrede stelle, so frage ich auch hier wieder: „Wo sind die Beweise, dass gerade Rousseau der Urheber dieser Veränderung gewesen sei? Allerdings liegt es bei dem grossen Einflusse, den dieser Mann in Deutschland ausgeübt hat, nahe, sogleich an ihn zu denken. Aber haben wir nicht oben [2]), im ersten Abschnitte, gesehen, dass bereits Gesner von einem dem Menschen natürlichen amor boni, amor recti, amor pulchri und einem desiderium societatis spricht, das heisst, modern ausgedrückt, einen in der Natur des Menschen selbst gelegenen Trieb zum Guten u. s. w. anerkennt? Natürlich hat Gesner diese Gedanken nicht aus sich selber, sondern er hat sie von den grossen Philosophen seiner Zeit entlehnt. Es soll auch gar nicht behauptet werden, dass Basedow diese Anschauungen notwendigerweise von Gesner habe, sondern nur, dass dieselben schon vor Rousseau in Deutschland verbreitet waren. Und was das anlangt, dass die Basedowsche Ethik ihres egoistischen Charakters entkleidet worden sei, so genügt ein einfacher Hinweis auf Leibniz, der in der Philanthropie die höchste Tugend sieht, oder auf Pufendorf, der sogar die

---

[1]) 82 f. [2]) S. 12.

Pflichten des Einzelnen gegen sich selbst aus dem Socialitätsprincip ableitet, oder auf Grotius, der auf dem Geselligkeitsbedürfnis das ganze System seiner Rechtsphilosophie aufbaut, oder auf Wolff, bei dem das Individuum ohne den Gesellschaftsvertrag die höchste Glückseligkeit überhaupt gar nicht erlangen kann, und bei dem die Einzelrechte gegen das Wohl des Ganzen völlig zurückstehen. Was sind all die Lehren dieser Philosophen von den Pflichten des einzelnen gegen seine Mitmenschen anders, als eine einzige grosse Paraphrase über die Forderung „in dem Menschen den Menschen zu sehen"? Von welchem Gedanken ist denn sonst die Aufklärungszeit getragen und beherrscht worden, wenn nicht von dem, dass die Gesamtheit nicht so sehr aus einer Summe von Bürgern oder von Christen oder von Standesangehörigen, sondern aus einer Summe von Menschen als Menschen bestehe, von denen jeder einzelne das gleiche Bedürfnis und darum das gleiche Recht an der Glückseligkeit habe, dass darum auch jeder einzelne Mensch über das Wesen und die Mittel der Glückseligkeit belehrt und aufgeklärt werden müsse? Für diesen grossen und allgemeinen Gedanken konnte ein Rousseau wohl eine Formel prägen und ein Basedow sie ihm nachsagen, — das Wichtigere und Köstlichere, der Inhalt selbst, war glücklicherweise schon vorher da.

Bei den übrigen Philanthropinisten besteht nach dem, was wir darüber aus ihren pädagogischen Grundsätzen und aus sonstigen gelegentlichen Äusserungen entnehmen können, die höchste Tugend in der Philanthropie oder in dem Bestreben, sich der menschlichen Gesellschaft unentbehrlich zu machen. Überhaupt steht bei ihnen individuelle und generelle Glückseligkeit durchaus in Wechselbeziehung. Um diese Philanthropie zu bethätigen, muss man sich nützlich und beliebt machen; nützlich durch solche Kenntnisse und Fertigkeiten, die allgemein gebraucht werden; beliebt hauptsächlich durch Eigenschaften des Herzens (vor allem Gerechtigkeit, Zufriedenheit, Freundlichkeit), sowie durch die Bereitwilligkeit, anderen nach Kräften zu nützen [1]). Man sieht, Rousseau hat mit seinem Einfluss nicht eben tief gewirkt; ihre Ethik trägt einen ausgesprochen utilitaristischen

---

[1]) Trapp 5 ff.

Charakter; den Gedanken, dass man das Gute auch um seiner selbst willen thun müsse, habe ich nirgends ausgesprochen finden können. Auch die Neuhumanisten vertreten das Princip der Nützlichkeit, wenngleich es bei ihnen nicht so sehr in den Vordergrund tritt; auch lässt sich nicht leugnen, dass sie doch eine etwas edlere Auffassung vom Nützlichen haben. Sie verstehen nämlich darunter, ebenso wie Gesner, das was uns vornehmlich innerlich fördert, was der Ausbildung des Charakters dient. Im übrigen ist nicht viel zu bemerken. Ernesti entwickelt genau dieselben Anschauungen wie sein Göttinger Freund und Lehrer, kaum, dass er hie und da einmal in der Schematisierung abweicht, stellenweise stimmen beide bis auf die Worte überein. Heyne und Wolff sehen das Glück des Menschen — und das entspricht ganz ihrer Vorliebe für die griechische Antike — in einem gemässigten heiteren Lebensgenuss; Ziel alles sittlichen Strebens ist auch für sie die innere Vervollkommnung zur Tugend, die sich vor allem in strenger Pflichterfüllung und thätiger Menschenliebe bewähren muss.

Damit hätte ich, soweit das nach den verhältnismässig spärlichen Quellen möglich ist, eine Skizze der philosophischen Grundanschauungen unserer hier in Betracht kommenden Pädagogen zu geben versucht. Es wird gut sein, hier erst einen Augenblick Halt zu machen, um die Ergebnisse zusammenzustellen, die sich im Verlauf des bisher Gesagten ergeben haben. Betrachten wir zuerst

Gesner: Verflachung des philosophischen Denkens und Verwässerung des Wolffschen Rationalismus, dem gegenüber Betonung des gesunden Menschenverstandes, starke Neigung zum Empirismus und Kampf gegen Vorurteile und gegen blinden Autoritätsglauben; orthodox gefärbte Vernunftreligion mit kleinlicher Teleologie, Streben nach individueller Glückseligkeit und Dringen auf Gemeinnützigkeit auch in der Wissenschaft, — das sind ungefähr die Merkmale der Gesnerschen Philosophie. Bedarf es noch eines wesentlichen Zuges, um ihn unter die Popularphilosophen des 18. Jahrhunderts einreihen zu können? Ich denke nicht. Aber bei allem kritiklosen Eklekticismus, den er vertritt, sei doch seiner Vorliebe noch einmal gedacht, die er für Thomasius hegt. Nur kurz seien noch ein paar sehr bezeichnende Beispiele angeführt: wie jener, so giebt auch Gesner eine recht seichte Reproduktion der Psychologie; wie jener, so legt auch er — man vergleiche hier insbesondere seine Institutiones [1]) — der genauen Selbsterforschung und der Menschenkenntnis eine grosse Bedeutung bei. Wie jener, so hat auch er infolge seines Hasses gegen den Autoritätsglauben einen unverkennbaren Widerwillen gegen die streng orthodoxen Geistlichen [2]); wie jener, so ist auch er stark für die Pietisten eingenommen; wie jener, so vertritt auch er eine ziemlich laxe Auffassung von der Polygamie; wie jener, so liebt auch er es, seine Darlegungen mit oft recht geschmacklosen, um nicht zu sagen groben Witzen und Anekdoten zu zieren. Persönliche Gründe mögen bei dieser Vorliebe für Thomasius wohl mitgespielt haben. Gesner hing mit geradezu leidenschaftlicher Verehrung an seinem Lehrer Buddeus in Jena; dieser aber — nebenbei bemerkt, ebenfalls ein stiller Freund der Pietisten — war nach zwölfjähriger gemeinsamer Thätigkeit in Halle bis an des Thomasius' Tod mit diesem eng befreundet. Als dann Buddeus gar noch persönlich von Wolff beleidigt wurde, mag dieses Ereignis stark mitgeholfen haben, dass Gesner sich nur noch enger an den grossen Antipoden des letzteren anschloss.

Es leuchtet ein, dass das soeben über Gesner Gesagte eigentlich ohne weiteres auch auf die **Philanthropinisten** und **Neuhumanisten** angewendet werden kann. Alle hier behandelten Pädagogen stehen durchaus unter dem Banner der eklektischen Popularphilosophie. In gleicher Weise gemeinsam sind ihnen die beiden Hauptzüge der deutschen Aufklärung, die Verflachung des philosophischen Denkens und der Eudämonismus. Ein Unterschied, aber lediglich ein gradueller, besteht nur hinsichtlich des dritten Charakteristikums jener Zeit, des Utilitarismus. Insofern dieser bei den Philanthropinisten am stärksten zu Tage tritt, stehen sie auf der Höhe der deutschen Aufklärung und in der Mitte zwischen Gesner-Ernesti einerseits und Heyne-Wolff andererseits; bei jenen erfährt die Nützlichkeit noch nicht, bei diesen nicht mehr diese Betonung. Gesner und Ernesti, die

---

[1]) Prooemium §§ 1. 2. 3. 6. 7.   [2]) 791.

Philanthropinisten, Heyne und Wolff bezeichnen somit nur die Stadien einer natürlichen Entwickelung. In dieser, ich möchte sagen reservierten Stellung der Neuhumanisten zu dem Nützlichkeitsprincip als dem Hauptmerkmal der deutschen Aufklärung liegt eins ihrer Hauptverdienste, denn gerade dadurch halfen sie die Zeit der Aufklärung überwinden und eine Brücke schlagen vom Alten zum Neuen. Andererseits liegt ein Hauptverdienst, ja man kann vielleicht sagen, das Hauptverdienst der Philanthropinisten auch gerade wieder in der Betonung des Nützlichkeitsprincips; mögen sie damit auch manchmal zu weit gegangen sein, wir müssen ihnen jedenfalls nur dankbar sein, dass sie dieses Princip überhaupt einmal energisch verfochten und in die Pädagogik eingeführt haben. Was sonst die kleineren Unterschiede noch betrifft, wie die Anerkennung des Gefühls als dritten Seelenvermögens, so dürfen wir getrost sagen: Es findet sich nichts, weder bei Philanthropinisten noch bei Neuhumanisten, was nicht wenigstens im Ansatze schon bei Gesner vorhanden wäre.

Angesichts dieser so weit gehenden Übereinstimmung muss sich nun die Frage erheben: Hat dann die Annahme einer Beeinflussung Basedows und damit der Philanthropinisten durch Rousseau überhaupt noch ein Recht? Ein gewisses Recht zweifellos — Basedow führt ja gelegentlich Stellen aus Rousseaus Werken an — aber ganz entschieden nur ein sehr bedingtes. Es soll und kann ja gar nicht in Abrede gestellt werden, dass hin und wieder zwischen früheren und späteren Schriften Basedows gewisse Unterschiede bestehen, aber — so frage ich immer wieder — sind denn diese Unterschiede wirklich nur dadurch erklärbar, dass man sie dem Einflusse Rousseaus zuschreibt? Ist es nicht vielmehr viel natürlicher und darum wahrscheinlicher, dass Basedow durch das Studium deutscher Philosophen seine früheren Anschauungen weitergebildet und vervollkommnet hat? Und in der That hat eine Betrachtung des philosophiegeschichtlichen Hintergrundes an der Hand Gesners gezeigt, dass Basedow nichts, aber auch gar nichts vorträgt, was ausserhalb der Anschauungen seiner deutschen Zeitgenossen läge. Denn selbst in dem einen Punkte, wo ich noch am ehesten einen Einfluss Rousseaus zugeben würde, in der Umwandlung des Optimismus in Pessimismus, ist immer noch zu bedenken, dass diese Einwirkung keineswegs eine tiefgreifende und nachhaltige gewesen ist, sondern nur momentan und auf dem Papier stattgefunden hat. Von einem „bedeutenden und starken Einflusse Rousseaus" oder gar von einer „Abhängigkeit" Basedows von Rousseau zu reden, ist gänzlich unberechtigt. So lange nicht bewiesen ist, dass Basedow die Werke seiner zeitgenössischen Philosophen nicht studiert, sondern ihre Namen nur zum Schein angeführt hat, so lange brauchen wir auch nicht zu glauben, dass er zuerst und am meisten von Rousseau beeinflusst worden sei.

B. Pädagogischer Teil.
I. Allgemeines.

1. **Aufgabe der Erziehung und des Unterrichtes. Das Verhältnis beider zu einander. Nationalerziehung.**

Wenn die Bestimmung des Menschen in der Glückseligkeit gesehen wird, so ergiebt sich das Ziel der Erziehung als der Anleitung, wie man diese Bestimmung erreicht, ganz von selbst: Glückseligkeit. Darin stimmen denn auch alle in unserer Betrachtung behandelten Schriftsteller überein, mögen sie dies nun bestimmt formulieren oder nicht, und mögen auch im Begriffe der Glückseligkeit selber einzelne kleine Abweichungen bestehen.

Gesner sah die Hauptquelle der Glückseligkeit in der Tugend, wie sie sich aus der Beobachtung der officia lege naturae nobis iniuncta ergab. Wenn wir darum eine Definition der Erziehung geben wollten, so könnten wir etwa sagen: Erziehen heisst conformare animum, ut observare legem naturae, hoc est consequi felicitatem possit[1]), oder wie er sich an einer anderen Stelle noch deutlicher ausdrückt, die Menschen dahin bringen, ut possent semper videre, quae actiones suae bonae sint, hoc est meliores ipsos faciant, quae malae[2]). Aber dieses videre soll nun nicht rein verstandesmässig geschehen, als ob sich der Mensch in jedem einzelnen Falle fragen müsse: „Was ist gut? Was macht mich besser?" sondern der Unterschied zwischen Gut und

---

[1]) 1343. [2]) 1259.

Böse soll ihm ganz in Fleisch und Blut übergehen, so dass er zuletzt gar nicht mehr zu überlegen braucht, sondern instinktmässig eben das Gute thut; die virtutis cognitio soll sein incocta quasi animo et gustu quodam ac sensu proprio firmata[1]). Das ist aber, wie man leicht zugeben wird, im Grunde gar nicht verschieden von dem, was Wolff später unter „schöner Harmonie des inneren und äusseren Menschen" versteht. Schon diese wenigen Sätze verraten, welchen grossen Wert Gesner auf das moralische Moment in der Erziehung legt. Ist ihm doch die Erziehung überhaupt nur ein Teil der Ethik[2])! Das kann uns nicht wundern, wenn wir uns erinnern, welches lebhafte Interesse er gleich Thomasius an der Erforschung der sittlichen Welt hatte. Das zeigt sich auch in dem, wie er die praktische Aufgabe der Erziehung und des Unterrichtes in der Schulordnung[3]) formuliert, nämlich „die Lernenden glückselig, das ist fromm und zu ihren künftigen Verrichtungen geschickt zu machen". Das „Frommmachen" ist dabei wesentlich Aufgabe der Erziehung (adsuefacere)[4]) das „Zu ihren künftigen Verrichtungen geschickt machen" wesentlich Sache des Unterrichtes (instituere, praeceptio)[5]). Die Erziehung oder Gewöhnung hat einerseits (negative Aufgabe) den Zögling vor schädlichen Einwirkungen von aussen zu bewahren, andererseits (positive Aufgabe) seine Anlagen von innen heraus zu entwickeln. Hierher gehört Gesners Forderung, die individuellen Fähigkeiten und Anlagen zu berücksichtigen, der er namentlich in den Institutionen[6]) wiederholt Ausdruck giebt. Wer würde dabei nicht an Thomasius erinnert, der bekanntlich auf Menschenkenntnis so grossen Wert legte? Was besagt nun aber die Forderung, dass die Erziehung die Lernenden zu ihren künftigen Verrichtungen geschickt machen soll? Jedenfalls ist unter den „künftigen Verrichtungen" nicht der künftige Beruf zu verstehen[7]). Dagegen spricht 1) der Wunsch Gesners, dass man die Wahl des künftigen Berufs ganz dem Knaben allein überlasse[8]); 2) der Satz aus dem Bedenken[9]): „Ein wohl angelegtes Gymnasium muss diese Eigenschaft und Einrichtung haben, dass die Jugend von allerlei Extraktion, Alter, Beschaffen-

---

[1]) 1415. [2]) 1502. [3]) 1. [4]) 1502. 1422. [5]) 78. 1422. [6]) Cap. IV. [7]) 119. [8]) Is 1233 ff. Inst. [9]) 355 f.

heit und Bestimmung (!) ihre Rechnung dabei finden und zum gemeinen Nutzen (!) in demselben bereitet werden könne"; 3) der Umstand, dass die ganze Erziehung nach Gesner, wie sich aus mehrfachen Andeutungen erschliessen lässt, mehr nur eine Grundlegung, Anleitung, oder wie Wolf es später nennt, eine Vorbereitung ist, wodurch eine Berücksichtigung des zukünftigen Berufes sich von selbst ausschliesst. Die Lernenden „zu ihren künftigen Verrichtungen geschickt machen" besagt somit vielmehr, dass im Unterricht vor allem auf das zu achten sei, was von allen Schülern erreicht werden kann, und was allen in gleicher Weise zu gute kommt, das ist aber Schärfung des Urteiles und Bildung des Geschmackes. Darum ist ihm Vielwisserei und Gelehrsamkeit bei jungen Leuten zuwider: non postulandum est, ut per omnia sapiant, ut graves sint pueri, hoc est, ut non sint pueri[1]). Allgemeine Bildung ist vielmehr seine Parole, und durch Aufklärung zu nützen sein Bestreben. Auch das erinnert wieder an Thomasius mit seiner Abneigung gegen Vorurteile und philosophische Spekulationen. — Aber Erziehung und Unterricht dürfen nur in der Theorie voneinander getrennt werden, in der Praxis ist der Unterricht der Erziehung als dem Wichtigeren unterzuordnen: apparet, quanta felicitas sit, mature formari ad virtutem, et virtutem non tam doceri praeceptis, quam adsuefactione posse[2]). Aller Unterricht muss also, wie wir heute sagen würden, erziehlich sein. In der Schulordnung findet sich die schöne Stelle[3]): „Wer die Schriften der Alten lieset und verstehet, der geniesset des Umganges der grössten und edelsten Seelen, die jemals gewesen, und nimmt dadurch auch selbst, wie es bei aller Konversation geschieht, schöne Gedanken und nachdrückliche Worte an". Und weiterhin[4]): „Wer die Alten nach vorgeschriebener Art lieset, bekommt geübte Sinnen, das Wahre vom Falschen, das Schöne vom Unförmlichen zu unterscheiden, allerhand schöne Gedanken, in das Gedächtnis eine Fertigkeit, andere Gedanken zu fassen und die seinigen geschickt zu sagen, eine Menge von guten Maximen, die den Vorstand und Willen bessern u. s. w.". Man sieht, wie allenthalben der Unterricht eine erziehende Tendenz hat, wie Gesner alles auf Förderung der allgemeinen Bildung

---

[1]) 1515. [2]) 1421 f. [3]) 97. [4]) 125.

ankommt, und wie er schon dem sehr nahe kommt, „was gegenwärtig unter dem Namen „ethisch-humaner Bildung" von der Lektüre der Alten erwartet zu werden pflegt". (Paulsen.) — In seinen Institutionen kommt Gesner auch einmal[1]) ausführlich auf die Frage zu sprechen, ob die öffentliche oder private Erziehung den Vorzug verdiene; nach längerem Für und Wider entscheidet er sich[2]), dass, wenn ein solcher Privatlehrer zu haben sei, wie er ihn in den Institutionen beschreibe, und wenn sonst keine Hindernisse vorlägen, die Privaterziehung der öffentlichen vorzuziehen sei; bestimmend ist dabei für ihn, dass in der privaten Erziehung die individuellen Fähigkeiten des Schülers besser berücksichtigt, und sittliche Gefahren besser ferngehalten werden können, als in der öffentlichen. Im Laufe der Zeit hat er aber seine Ansicht geändert, denn in der Schulordnung heisst es[3]): „Welcher Eltern Umstände es leiden, dass sie ihren Kindern Privatpräceptoren halten, die sollen derentwegen ohne dringende Ursachen denselben, sonderlich bei heranwachsenden Jahren, die gemeine Unterweisung nicht entziehen, sondern solche mitgeniessen lassen und die Hauspräceptoren dahin anweisen, dass sie fleissig mit den öffentlichen Lehrern sich besprechen und denselben sozusagen in die Hände arbeiten. Auf diese Weise geniessen die Kinder gedoppelten Vorteil und sind immer in guter Aufsicht und werden ihres Hauspräceptors nicht so bald überdrüssig. Dieser darf weniger Zeit und Mühe anwenden, kann etwas vor sich studieren, wird zuweilen von den öffentlichen Lehrern selbst noch etwas lernen können, und sich um soviel leichter und mit mehrerer Lust zu einer ausser dem fast allzu beschwerlichen, bei diesen Umständen aber viel erträglicheren Arbeit gebrauchen lassen". — Bei der engen Zusammengehörigkeit der Erziehung und des Unterrichtes ist es für Gesner selbstverständlich, dass Schule und Haus in der Erziehung Hand in Hand gehen; wiederholt giebt er in der Schulordnung[1]) den Rat, dass sich die Lehrer mit den Eltern und Vormündern bereden und ihnen durch gewisse Zettel und Zeichen Nachricht von dem Verhalten und den Fortschritten der Ihrigen geben.

Am nächsten kommen Gesnern die Philanthropinisten.

---

[1]) Cap. V. [2]) V. XX. [3]) 210. [4]) 14. 168. 173. 210.

Basedow bestimmt sowohl vor, wie nach der Beeinflussung durch Rousseau den Zweck der Erziehung dahin, „die Kinder zu einem gemeinnützigen, patriotischen und glücklichen Leben vorzubereiten"[1]). „Patriotisch" ist dabei nicht im modernen Sinne zu verstehen, sondern gleichbedeutend mit „gemeinnützig". Für diese Deutung spricht nicht nur der Sprachgebrauch Basedows allein, sondern seiner Zeit überhaupt — man vergleiche die Schriften Heynes — und vor allen, dass er im philanthropinistischen Archiv[2]) sagt: „Der Zweck der Erziehung muss sein, einen Europäer (d. h. einen Kulturmenschen) zu bilden, dessen Leben so unschädlich, so gemeinnützig und zufrieden sein mag, als es durch die Erziehung veranstaltet werden kann". Der Unterricht ist nach Basedow zwar ein wichtiger Teil der Erziehung, aber doch nur von untergeordneter Bedeutung, weil ein Kind tugendsam und glückselig werden kann, auch wenn es niemals förmlichen Unterricht geniesst[3]). Erwähnenswert ist, dass auch Basedow, wie vor ihm Gesner, eine ähnliche Umwandlung seiner Ansicht über den Vorzug der privaten bezw. öffentlichen Erziehung erfahren hat. In der praktischen Philosophie[4]) rät er: „Man muss, wenn es vermeidlich ist, Kinder nicht in öffentliche Schulen schicken"; später dagegen hält er „eine vollkommene Erziehung eines einsamen Kindes für unmöglich, hätte auch Vater und Mutter und Hofmeister und Hofmeisterin alle Weisheit und den besten Willen[5])" Wäre der Einfluss Rousseaus wirklich ein sehr starker und nachhaltiger gewesen, so hätte er sich gewiss nicht abhalten lassen, bei seiner früheren Ansicht zu beharren.

Bahrdt[6]) scheidet zwischen einem allgemeinen und den besonderen Zwecken der Erziehung; jener ist ihm „Kultur oder Veredelung des Menschen durch Liebe", diese sind Arbeitsamkeit, Gehorsam, Zufriedenheit und dass der Zögling „als ein gesitteter Mensch leben und sich den Gesetzen des vernünftigen Wohlstandes unterwerfen lerne". Desgleichen kennt Trapp[7]) einen allgemeinen Zweck der Erziehung, „Bildung des Menschen zur Glückseligkeit", aus dem sich dann, da er eine moralische, geistige und sinnliche Glückseligkeit annimmt, die besonderen

---

[1]) Prakt. Phil. 540. Meth. B. 30. [2]) S. 16. [3]) Meth. B. I, 199.
[4]) 1. Aufl. 562 ff. [5]) Prakt. Phil.² II, 52. [6]) A. Rev. I, 94. [7]) 25 ff.

Ziele, Tugend, Bildung und Zufriedenheit bezw. Bedürfnislosigkeit ergeben. Man sieht, das eudämonistische Moment spielt überall eine wichtige Rolle. So sagt schliesslich auch Campe[1]: „Der Endzweck der Erziehung ist, jeden Menschen nach seiner eigentümlichen Beschaffenheit und nach seinem Standpunkte in der Gesellschaft für sich selbst so vollkommen und glücklich und für andere so nützlich als nur möglich zu machen." Bildung des Geschmackes und Verstandes, Verbesserung des Herzens und Veredelung des Gefühls und dadurch Vervollkommnung der ganzen moralischen Natur dürfte als Heynes pädagogisches Ideal angesehen werden können, wenigstens sind „Geschmack" und „Herzensbildung" Schlagwörter, die bei ihm häufig wiederkehren. — Wolfs Ziel ist „rein menschliche Bildung und Erhöhung aller Geistes- und Gemütskräfte zu einer schönen Harmonie des inneren und äusseren Menschen[2]". Praktisch genommen ist ihm die Pädagogik die „Kunst, welche die Anlagen und Kräfte des Menschen in der Zeit seiner moralischen Unmündigkeit durch Erziehung (adsuefaciendo)*) und Unterricht (instituendo)*) zu der Bestimmung seines künftigen Lebens entwickelt und vervollkommnet[3]". Diese Bestimmung seines künftigen Lebens ist, ganz im Sinne Gesners, mit der perfectio humanitatis gleich zu setzen[4]), wie denn auch Wolf an anderer Stelle sagt: ipsi educationi nihil temere proponi aliud potest, ad quod dirigatur, nisi cultura et corporis et animi, ducens ad perfectionem humanitatis[5]). „Die Erziehung geht nur bis zur plena pubertas, sie ist bloss praeparatio und der Zweck dieser praeparatio ist die Entwickelung der Kräfte des Körpers und der Seele des Zöglings und was diesen zum Menschen überhaupt macht. Darum ist in Heusingers Abhandlung: ‚Ob man für den Menschen und Bürger zugleich erziehen soll' offenbar bloss für den ersten zu entscheiden[6])". — Auch Heyne spricht übrigens gar nicht selten von der „künftigen Bestimmung" des Schülers, auch er denkt dabei ganz allgemein an die Zeit nach dem Schulunterricht, und höchstens unterscheidet er zwischen Studierenden und Nichtstudierenden.

---

*) Man beachte, dass schon Gesner diese termini hat.
[1] A. R. I, 325. [2] Arnoldt II, 16. [3] Cons. 16, 28. [4] Arnoldt II, 24.
[5] Cons. 24. [6] Cons. 25.

Es erübrigt uns nur noch, die Ansichten unserer Pädagogen über Nationalerziehung zu hören. Den Übergang dazu macht vielleicht am besten Ernesti, denn er ist der einzige, der diese Aufgabe der Erziehung gleich in dem Satze andeutet, den man als seine Definition der Erziehungsaufgabe überhaupt ansehen kann. Er sagt nämlich in der Schulordnung a[1]), die Schulen seien in der Absicht gegründet, und die Lehrer sollen beständig den Zweck vor Augen haben, „dass die Jugend zum wahren Christentume, zu gründlicher und nützlicher Gelehrsamkeit und zu guten Sitten angeführt und dadurch selbst wahrhaft glücklich, auch dem Vaterlande brauchbar werde"; weiterhin sollen dann die Lehrer fleissig bedenken, „dass ihnen einer der besten Teile des gemeinen Wesens anvertraut ist, und wieviel dem Vaterlande daran gelegen sein muss, dass derselbe wohl bewahrt und nützlich bearbeitet werde[2])". Noch deutlicher drückt Gesner diesen Gedanken in den Worten der Schulordnung aus: „Die Eltern sollen sich nicht einbilden, weil die Kinder ihre wären, so dürften sie mit denselben thun und verfahren, wie sie wollten, sondern sollen wissen, dass auch ihre Kinder Glieder des gemeinen Wesens sind, um deren Auferziehung sich die Obrigkeit zu bekümmern und dahin zu sehen habe, dass in Zukunft das Land nicht mit untüchtigen, rohen, übelgesitteten, sondern wohlgezogenen und nützlichen Einwohnern besetzt werde[3])". — Heyne deutet die nationale Aufgabe der Erziehung ebenfalls mehrfach an, so z. B. wenn er verlangt, dass der Knabe als „Mensch und Christ und zukünftiger Bürger zweckmässig gebildet[4])" werden soll, oder wenn er durch Homer und Pindar den „jugendlichen Enthusiasmus" (Patriotismus) wecken will[5]). — Endlich definiert Wolf einmal: finem educationis et institutionis posui hunc esse, ut facultatem accipiat homo humano et civili munere perfecte fungendi[6]). „Eine hohe Förderung der deutschen National-Kultur" versprach sich auch Wolf für den Fall, „dass das Studium der alten Sprachen mit dem Griechischen könnte begonnen werden"[7]). Endlich sagt er: „Die Nationalerziehung wird bei uns noch zu sehr versäumt, was in Frankreich und England nicht der Fall ist"[8]). Aus diesem

---

[1]) 1. [2]) 3. [3]) 208. [4]) Sch. O. Sp. 827. 829. [5]) Nachricht 45. [6]) 69. [7]) 110. [8]) 43.

Bedürfnis heraus giebt er unterm 24. Dezember 1798 in einem umfänglichen Schreiben[1]) an den Staatsminister von Massow dem Wunsche nach einer gleichförmigen Nationalerziehung Ausdruck. Eine solche bezeichnet er als die „wichtigste aller Aufgaben", und es heisst dann weiterhin: „Durch die vornehmsten und gemeinnützigsten Branchen, als deutsche Sprache, neuere Geschichte, welche die beste Nahrung des Patriotismus ist, Geographie, Naturgeschichte und dergleichen, musste auf die Bildung des echt deutschen Sinnes und Charakters, auf Entwickelung der für das allgemeine Beste wohlthätigsten Kräfte, auf Erregung der Liebe zur Ordnung u. s. w. hingearbeitet werden"[2]).

Von den Philantropinisten äussert sich Trapp[3]) am ausführlichsten über die Sache: „Niemand hat so viel Interesse als der Staat, dass die Schulen gut seien. Denn was dort verdorben wird, das wird dem Staate verdorben. Alle Kräfte, die dort verloren gehen, oder nicht den möglichen Grad der Stärke, oder nicht die gehörige Richtung bekommen, die gereichen alle dem Staate zum grössten Nachteile. Ein Staat voll unwissender, fauler, niederträchtiger, ausschweifender und treuloser Menschen ist gewiss ein schlechter Staat." Allein diese Worte fliessen ihm doch nicht so unmittelbar aus der Feder. Sie stehen in dem Abschnitte: „Von der Notwendigkeit der öffentlichen Sorge für die Erziehung", und man kann sich des Eindrucks nicht erwehren, dass hier die Erziehung für den Staat nicht um ihrer selbst willen geboten wird, sondern, um dem Staat gleichsam ein menschliches Rühren einzuflössen, um sich seine gnädige Fürsorge für die Erziehung gewissermassen zu verdienen, kurz, die Nationalerziehung ist bei den Philanthropinisten nicht Selbstzweck, sondern Mittel zum Zweck. Ich sage gleich allgemein, „bei den Philanthropinisten", denn ausser Trapp hat sich keiner wieder so ausführlich hierüber geäussert. Ja am auffälligsten tritt hier Basedow zurück; sein Ausdruck „patriotisch" lässt sich, wie gesagt, beim besten Willen nicht im heutigen Sinne fassen. Und wenn er wünscht, dass der Zögling die Ordnung des Staates kennen lerne und für das Leben in dem letzteren „ertüchtigt" werde, so kann man doch wohl kaum von einer Nationalerziehung reden. Freilich ver-

---

[1]) Als Beilage bei Arnoldt I, 256 ff. [2]) a. a. O. 260. [3]) 17.

stehen wir heutzutage unter Nationalerziehung auch noch etwas anderes und vor allem mehr als die Neuhumanisten, aber es lässt sich nicht bestreiten, dass sie der Sache entschieden viel näher kommen als die Philanthropinisten. — Bemerkt sei noch, dass Rousseau die Unterschiede, welche die Nationalität in der Erziehung hervorruft, wohl anerkennt und berücksichtigt wissen will. Versteht man indessen den Ausdruck „nationale Erziehung" nicht von den Rechten des Staates (Erziehung zum Staate hin), sondern nur von den Pflichten desselben (Erziehung durch den Staat), so stimmt niemand mehr als die Philanthropinisten mit Heyne[1]) darin überein, dass „ohne eine allgemeine Aufsicht über das Schulwesen, ohne ein bestelltes Kollegium — bei Basedow Edukations- oder Studienkollegium — welches das Ganze unter den Augen hat und die anzusetzenden Schulmänner prüfen und Anweisung und Rat zur Schulverwaltung an jedem Orte geben kann, für die Verbesserung des Schulwesens überhaupt wenig zu hoffen" ist. Zum Teil besass schon Gesner ein solches Institut in seinem seminarium philologicum, wenigstens bildete er in diesem seine Lehrer heran und als sein Direktor war er ständiger Braunschweigisch-Lüneburgischer Schulinspektor[2]).

Vergleichen wir nun noch einmal die Grundsätze unserer Pädagogen, so ergiebt sich eine Übereinstimmung, wie sie in dieser Untersuchung so bald nicht wieder ihresgleichen finden dürfte. Dass die Erziehung auf das Wohlsein, die Glückseligkeit des Zöglings bedacht sein müsse, das ergab sich gleich am Anfange dieses Abschnittes. Gleiche Einmütigkeit bestand sodann darin, dass bei der Erziehung zwischen Erziehung im engeren Sinne und eigentlichem Unterrichte zu unterscheiden ist, dass aber — für Heyne und Wolf sei dies noch nachgeholt — der letztere der ersteren stets unterzuordnen ist, und dass aller Unterricht zugleich erziehend wirken soll; aus eben diesem Grunde müssen Lehrer und Familie durchaus zusammenwirken. Übereinstimmend setzt man ferner auf beiden Seiten als Ziel des Unterrichtes Bildung des Verstandes, des Urteils, des Geschmackes. Einig ist man endlich auch in der formellen Bestimmung der Erziehungsaufgabe: Da der Mensch von Natur aus mit gewissen

---

[1]) Nachricht 11. [2]) Vergl. Schulordnung, Anm.

Neigungen, Trieben, Kräften u.s.w. ausgestattet ist, so hat die Erziehung diese natürlichen Anlagen von innen heraus zu entwickeln. Mit dem letzteren ist zum Teil etwas vorweg genommen, auf das wir noch zurückkommen werden*), aber es kann nichts schaden, bereits hier darauf hinzuweisen. Doch das alles ist nur mehr untergeordneten Wertes. Weit wichtiger ist die überraschende Ähnlichkeit in der Fassung des Erziehungszieles. Alle, von Gesner an und diesen mit eingeschlossen, wollen ihren Zögling nicht für einen bestimmten Stand, nicht zum Christen, sondern in allererster Linie „zum Menschen überhaupt", und sodann erst zum Bürger bilden. Daraus folgt etwas anderes, nämlich das grosse Gewicht, das alle und nicht zuletzt Gesner auf die moralische Erziehung legen.

Dieses Ergebnis muss nun, wenn anders es von seinem Werte nicht einbüssen soll, noch gegen verschiedene Einwände verteidigt werden bezw. müssen nach ihm andere und unrichtige Vorstellungen verbessert werden.

In seinem Werke über den „Streit des Philanthropinismus und Humanismus" stellt Niethammer auf Seite 76 ff. die anscheinend schroffsten Gegensätze der beiden pädagogischen Richtungen zusammen. Es heisst da: „Der Erziehungsunterricht der Humanisten hat einen eigenen für sich bestehenden Zweck: „Allgemeine Bildung des Menschen; derjenige der Philanthropinisten nur einen relativen: Bildung des Menschen für seine künftige Bestimmung". Jeder dieser beiden Sätze ist richtig und doch unvollständig und darum das Ganze ungenau. Es ist richtig, wie wir gesehen haben, dass der Humanismus allgemeine Bildung des Menschen bezweckt, aber dasselbe thut auch der Philanthropinismus; nirgends findet sich bei ihm eine Vorschrift, dass der Unterricht sich nach dem künftigen Berufe — so versteht nämlich Niethammer das Wort Bestimmung — zu richten habe. Überhaupt äussern sich die Philanthropinisten sehr selten über den Zweck des Unterrichtes, und wo sie es thun, da fällt er mit dem der Erziehung zusammen. So sagt Trapp[1]: „Der Hauptzweck des Unterrichtes, insofern er als ein Teil der gesamten Erziehung

---

*) Vergl. III. 2. Methode des Unterrichts.
[1] 315.

betrachtet wird, ist Bildung des Menschen zur Glückseligkeit. Die nächsten Zwecke des Unterrichtes, insofern er für sich betrachtet wird, sind: behalten, glauben, verstehen, empfinden, denken, erfinden und mitteilen" (und das nenne ich eben allgemeine Bildung des Verstandes). Mag sein, dass irgendwo einmal ein radikaler Philanthropinist vom Unterrichte Rücksichtnahme auf den künftigen Beruf gefordert hat, — auf die, ich möchte sagen klassischen Vertreter der Richtung trifft das nicht zu. Und doch hat Niethammer auch wieder Recht: Der Philanthropinismus wollte Bildung des Menschen für seine künftige Bestimmung, nur gilt das, wie wir ebenfalls gesehen haben, auch von den Humanisten. Denn so thöricht war keiner, weder von den einen noch von den anderen, dass er einem Schusterssohn dieselben Kenntnisse wie einem jungen Grafen zugemutet hätte. Es bleibt somit der Satz bestehen: Philanthropinismus wie Humanismus verlangen vom Unterrichte allgemeine Bildung des Menschen. Höchstens können wir noch mit Campe hinzusetzen: je nach seinem Standpunkte in der Gesellschaft. — Ähnlich verhält sichs mit dem, was Niethammer sodann sagt: „Beim Erziehungsunterrichte kommt es dem Humanismus nicht sowohl darauf an, bestimmte Kenntnisse zu sammeln, als vielmehr darauf, den Geist zu üben; dem Philanthropinismus dagegen kommt es nur darauf an, den Geist mit der möglichst grössten Masse brauchbarer Kenntnisse auszurüsten." Nicht das eine gilt für die einen und das andere für die anderen, sondern beides für beide in gleicher Weise. Von hier aus sind dann die bei Niethammer noch folgenden Sätze zu berichtigen. Die „möglichst grösste Masse" ist übrigens böswillige Übertreibung. Männer wie Niethammer, Thiersch, Raumer, sahen überhaupt — wie Paulsen es einmal ausdrückt[1] — „in den Philanthropinisten die Inkarnation des bösen Princips in der Gymnasialpädagogik". Leider giebt es solche voreingenommene Beurteiler auch heute noch; ihnen sei noch ein Ausspruch des vielgescholtenen Trapp mitgeteilt: „Die sinnlichen Empfindungen" — er redet von den verschiedenen Arten der Glückseligkeit — „sind bei jungen Menschen und auch bei dem rohen Haufen der Erwachsenen ein Vehikel der geistigen und moralischen. Das

---

[1] II, 50.

gehörige Mass der letzteren in die erstere zu legen und damit so lange fortzufahren, bis der Mensch mehr geistig als sinnlich ist, das ist das Geschäft der guten Erziehung"[1]). Vergeistigung des Menschen fordert er also, und doch traf auch ihn mit der Vorwurf der Plattheit, des Aberwitzes, der Roheit, ja der Gemeinheit!

Im Anschluss an das, was sich uns bei Gelegenheit der Nationalerziehung ergeben hat, sei ein kurzes Wort zu H. Pinloche erlaubt. Dieser[2]) belehrt uns nämlich: „L'Allemagne peut donc être reconnaissante à Basedow et à ses disciples d'avoir contribué si puissamment à répandre et à faire fructifier cette idée de notre compatriote*) (l'idée de l'éducation nationale) dont elle devait tirer la première des avantages si considérables pour sa grandeur intellectuelle comme pour sa puissance politique." Also verdanken wir unsere geistige Führerrolle und unsere politischen Siege im letzten Grunde Frankreich? Das ist eine Verkennung der Thatsachen und ein Missverständnis der gesamten deutschen Geschichte, wie es eben nur einem Nichtdeutschen unterlaufen kann. Nein, wenn ja der Philanthropinismus zum Aufschwunge des Deutschtums mit beigetragen hat, dann steht er sicherlich an letzter Stelle, denn wir haben gesehen, wie gerade bei ihm das Nationale in den Hintergrund tritt. Mit viel grösserem Rechte kann dagegen der Neuhumanismus genannt werden, denn durch seine Schule sind alle jene gewaltigen Geisteshelden gegangen von Goethe und Schiller an bis hin zu den Befreiungskriegen und darüber hinaus.

Zum Schluss muss ich noch mit ein paar Sätzen auf die hierher gehörigen Ausführungen Gössgens[3]) eingehen. Es ist schon mehrfach hervorgehoben worden, welchen Wert bereits Gesner lange vor Basedow auf die moralische Erziehung legt. Angesichts dieser Thatsache dürfte der Versuch Gössgens, die Betonung der moralischen Erziehung bei Basedow und sein Verlangen nach „Verwirklichung des Ethischen im Menschen" wiederum von Rousseau herzuleiten, sich als überflüssig erweisen. Überdies ist Basedow auch schon vor 1768 gerade Moralist genug, als dass

---

*) La Chalotais.
[1]) 40. [2]) 536. [3]) 85. 104 ff.

eine Beeinflussung in dieser Beziehung noch nötig gewesen wäre. Unmittelbar vorher führt Gössgen aus, in dem Menschen den Menschen zu sehen heisse, ihn als „eine Einheit für sich, als ein Ganzes betrachten, dessen körperliche und geistige Organisation zu einander in der direktesten Beziehung stehen, so dass mit der Vernachlässigung des einen in der Pädagogik die Korruption des anderen gegeben ist"[1]). Als ob man vor Rousseau den Menschen als eine Halbheit angesehen und keine Ahnung davon gehabt hätte, dass mit der Vernachlässigung des Körperlichen die Korruption des Geistigen gegeben ist! Sehr treffend urteilt Wolf einmal: „Es ist viel Gutes und Wahres in Rousseaus Émile; nur thut er immer, als ob alle Welt bisher das Gegenteil gethan habe, und treibt fast jede Meinung über alle Grenzen hinaus"[2]). Ich fürchte, Gössgen ist von diesem Fehler Rousseaus ein wenig angesteckt worden, und er entdeckt zuweilen Beeinflussungen, wo in Wirklichkeit nur Ähnlichkeiten bestehen. Wenn er in demselben Abschnitte z. B. sagt: „Basedows sonstige Anforderungen, Menschenliebe zu üben, machen das Wesen des Philanthropinismus nicht aus, denn sie sind nicht auf die Erkenntnis der Menschennatur selbst gegründet; der Philanthropinismus bedeutet vielmehr die aus der Anerkennung des Menschen als Selbstzweck erwachsene Liebe zum wahren Menschentum, welche von der Pädagogik fordert u. s. w.[3])", so nenne ich das Haarspaltereien. Ein so sorgfältiger Denker und feiner Psycholog war Basedow ganz entschieden nicht, dass er nach 1768 bei der Forderung, Menschenliebe zu üben, auch immer an die „Anerkennung des Menschen als Selbstzweck" gedacht hätte und sich eines Gegensatzes zu seinen früheren Anschauungen wäre bewusst geworden. Auch „die aus der Anerkennung des Menschen als Selbstzweck erwachsene Liebe zum wahren Menschentum" macht das Wesen des Philanthropinismus als pädagogischer Zeitströmung nicht aus, es müsste denn gerade Philanthropinismus und Neuhumanismus dasselbe sein; denn jener vertritt kein anderes Menschentum als dieser, als Selbstzweck war der Mensch von der Philosophie schon lange anerkannt worden, und die Erziehung des Menschen zum Menschen gehörte, wie wir gesehen haben, zum Erziehungs-

---

[1]) 86. [2]) 31. [3]) 85.

ideal der ganzen Zeit. Im Gegenteil, eine allzustarke Betonung des „Menschen als Selbstzweck" kann bei den Philanthropinisten gerade gefährlich werden, denn gerade für sie ist eben der Mensch gar nicht so sehr „eine Einheit für sich", sondern immer auch ein Glied in der grossen Kette der Gesamtheit; sein Glück steht und fällt mit dem ihrigen. Welches aber die gerade dem Philanthropinismus eigentümlichen Merkmale sind, werden wir später sehen.

2. Erziehung des weiblichen Geschlechts.

Wir sind zwar, wie in jener Zeit überhaupt, so im besonderen bei unseren Pädagogen hauptsächlich auf das gelehrte Schulwesen und somit auf das männliche Geschlecht angewiesen, um aber meine Aufgabe möglichst erschöpfend zu behandeln, sei hier das wenige eingefügt, was sich bei unseren Pädagogen an Gedanken über die Erziehung des weiblichen Geschlechts findet, insbesondere über seine intellektuelle Ausbildung etwa vom 6. Jahre an. Denn für die körperliche und moralische Ausbildung der Mädchen und für ihre intellektuelle in den ersten Jahren gilt natürlich mutatis mutandis dasselbe, wie für die Knaben.

Gesner äussert sich über diese Frage, soviel ich sehe, nur an einer einzigen Stelle[1]). Gelehrte Fragen, meint er, besonders der Metaphysik und Theologie, aber auch der Medizin usw. müsse man lateinisch erörtern, damit Ungebildete oder Halbgebildete, wenn sie davon hören, nicht ihre Glossen machen oder ins Zweifeln geraten. Dann fährt er fort: „Nicht als ob ich die Kenntnis solcher Dinge dem weiblichen Geschlechte (et aliis infirmioris ingenii hominibus) missgünstig vorenthalten wollte, aber Frauen sollen, wie Paulus sagt, zu Hause lernen; es giebt ja Bücher genug in deutscher und französischer Sprache." Dieser Satz giebt uns Aufschluss weniger durch seine Worte selbst, als vielmehr durch das, was er voraussetzt. Gesner tadelt es, wenn Frauen sich allzueingehend mit Philosophie, Theologie, Medizin usw. beschäftigen — auch Basedow macht übrigens in der Philalethie einmal seinem Unwillen darüber Luft — nach seiner Ansicht gehört die Frau ihrer Bestimmung zufolge zuerst

---
[1]) 92.

und vor allem ins Haus. Das Recht, sich eine höhere Bildung zu erwerben, soll ihr deshalb nicht genommen werden; wenn sie Interesse an wissenschaftlichen Dingen findet, so mag sie sich daheim in ihren Mussestunden immerhin aus Übersetzungen der lateinischen Werke darüber unterrichten. Nur soll sie es dem Manne nicht gleich thun wollen, denn sie kann's nicht, schon weil sie nicht dieselben geistigen Fähigkeiten wie dieser besitzt. In der Geographie[1]) macht er ausdrücklich „Knaben und Mädchen" die Bewegung der Erde um die Sonne klar. Schliesslich ist auch zu beachten, dass schon Gesner, wie Wolf später, in seiner Isagoge das Wort puer sehr oft im Sinne des griechischen παῖς = Kind ohne Rücksicht auf das Geschlecht gebraucht. Aus alledem ergiebt sich schon, dass er die den Mädchen zu gebende intellektuelle Ausbildung nicht gering anschlägt. Das findet seine Bestätigung in einer dritten Stelle der Isagoge[2]), wo er seinen Studenten erzählt, dass seine „Kleinen" — er hatte einen Sohn und eine Tochter — sine confusione mit der Mutter deutsch, mit dem Vater lateinisch und mit anderen französisch gesprochen hätten. Desgleichen berichtet uns Sauppe[3]), dass der Grossvater die Enkelin Latein gelehrt habe, „so dass sie sich lateinisch mit ihm unterhalten und für ihn den Index zu der Ausgabe des Horaz machen konnte". Ob und wie Gesner über die Einrichtung besonderer Mädchenschulen gedacht hat, darüber erfahren wir nichts.

In Ernestis Initia finden sich für das weibliche Geschlecht höchstens Bestimmungen, die sich auf die körperliche und moralische Erziehung in den ersten Jahren beziehen; Heyne schweigt sich auch darüber aus.

Wolf war sich wohl bewusst, von welcher Wichtigkeit und von welchem Nutzen die Erziehung des weiblichen Geschlechtes ist. Er verspricht[4]) denn auch, diesen Teil der Erziehung gelegentlich und wenigstens im allgemeinen mit zu beachten, aber bald hat er dieses Versprechen wieder vergessen. Über die Organisation von Mädchenschulen äussert er sich selten; ihm lag die Gymnasialpädagogik zu sehr am Herzen.

Ausführlicher dagegen lassen sich die Philanthropinisten

---

[1]) 432. [2]) 75. [3]) 70. [4]) Cons. 66.

vernehmen und unter ihnen wieder Basedow. Auch nach ihnen sind die Mädchen in erster Linie für die Erhaltung des Hauswesens zu erziehen, für die Ehe vorzubereiten[1]). Aber schon Basedow geht über Rousseau hinaus, wenn er ihnen zugleich einschärft, dass das Schicksal der Familie veränderlich und die Ehe kein Stand ist, auf den sie sich mit Gewissheit Rechnung machen können. Deshalb soll man sie von vornherein so ausbilden, dass sie, wenn sie nicht zur Ehe begehrt werden, als Erzieherinnen fremder Kinder, an Waisenhäusern, Kinderbewahranstalten usw. oder bei „glücklicheren Personen ihres Geschlechtes ohne Widerwillen oder ohne merkliche Zeichen desselben" in Dienst treten können. Kräftige Anregung zur Hebung des Mädchenschulwesens soll namentlich Stuve 1786 gegeben haben durch seine Abhandlung „Über die Notwendigkeit der Anlage öffentlicher Töchterschulen für alle Stände[2])".

So zeigen also die Philanthropinisten, Wolf und Gesner, dass ihnen die Frage nach der Erziehung des weiblichen Geschlechts, so fern ihnen auch dieselbe teilweise lag, doch nicht gleichgültig war. Die ersteren bezeichnen dabei insofern einen Fortschritt, als sie von vornherein darauf bedacht sind, die Mädchen im Gegensatz zu Rousseau so zu erziehen, dass sie später nötigenfalls eine selbständige Stellung einnehmen können.

II. Erziehung.

1. Physische Erziehung.

Die physische Erziehung des Kindes beginnt nach Gesner nicht eigentlich erst mit dem Augenblicke der Geburt, sondern genau genommen schon lange vor derselben. Ambo parentes id agant, ut qui vitam ipsis debent, debeant iidem felicitatem[1]), schreibt er und zahlreich sind die Stellen[2]), wo er in seiner Moralphilosophie die künftigen Eltern zur Bewahrung der Keuschheit, Mässigkeit und vor allem Nüchternheit ermahnt. Ist dann ein Kind geboren worden, so macht er es der Mutter zur unabweislichen Pflicht, dasselbe selbst zu nähren[3]); Entbindungen von

---

[1]) Prakt. Phil.² II, 85 ff. Trapp 448. ²) Vergl. noch Trapp 448. Wolke 220 f. Meth. B. 324 f. ³) 1326. ⁴) 1334. 1335. 1474 f. ⁵) 1325.

der Erfüllung dieser Pflicht will er grundsätzlich nicht zulassen: frustra se excusant imbecillitate sua, nulla quae mater fieri potest, tam imbecillis est, ut non alere etiam possit partuum suum[1]). Die nächsten Jahre bis zum Eintritt in die Schule sind dann ganz der körperlichen Entwickelung, der Ausarbeitung und Kräftigung, dem Frohsinn und dem Spiel gewidmet, von welch letzterem er namentlich das Ball- und Billardspiel empfiehlt[2]). Aber auch während der eigentlichen Schulzeit soll die Leibespflege nicht vernachlässigt werden. In seinem „Bedenken" sagt er[3]): „Die Erquickungsstunden können unschädlich und nützlich werden, wenn sie unter einer gewissen Aufsicht und Direktion sind, da man sich im Laufen, Springen, Werfen, ja in den Waffen nach Art einer militärischen Musterung übet, Schanzen und Linien aufwirft oder niederreisst u. s. f." Schon auf Gesner kann man hiernach vielleicht anwenden, was Hahn bei Basedow sagt[4]), dass nämlich „das Vorbild des Militärwesens, vorzüglich der straffen Disciplin in der preussischen Armee nicht ohne Einfluss auf die Wiederherstellung und weitere Ausbildung der Gymnastik in den deutschen Schulen gewesen ist." Im Unterrichte selbst soll der Lehrer vor allem darauf sehen, dass die Schüler gerade sitzen und beim Lesen und Schreiben nicht die Augen dem Buche zu nahe bringen[5]). Für das Ilfeldsche Pädagogium[6]), wie für die Thomana[7]) verordnete Gesner ausserdem, dass die Alumnen nicht länger als sieben Stunden schlafen sollten, zu viel Schlaf mache lässig und schlaff; desgleichen mache Übermass im Essen und Trinken dumm und faul. Des Morgens sollten die Knaben sich tüchtig kalt waschen, die unterrichts- und arbeitsfreien Stunden aber fleissig zur körperlichen Ausarbeitung benutzen.

Bei Ernesti und Heyne brauchen wir uns nicht lange aufzuhalten; der erstere bleibt eher hinter Gesner etwas zurück, und der letztere bringt nur insofern etwas Neues, als er in Ilfeld die Anregung zum Bau eines Bibliotheksaales „mit einem grossen Saal für die Leibesübungen und die Erholungsstunden"[8]) gab und, ähnlich wie die Philanthropinisten, den Reitunterricht wenigstens fakultativ einführte.

---

[1]) a. a. O. [2]) 1518. [3]) S. 370. [4]) 59. [5]) Sch.-O. 31. 176. [6]) a. a. O. § 6—7. [7]) § 2 ff. [8]) Nachricht 4.

Am eingehendsten äussert sich von den Neuhumanisten Wolf über körperliche Erziehung. Er widmet derselben einen besonderen und ziemlich langen Abschnitt[1]), in dem er u. a. auch die Schriften Rousseaus, Lockes und des Philanthropinisten Gutsmuth empfiehlt. Sieben Punkte stellt er auf, unter die sich alles zusammenfassen lasse, was die physische Erziehung betrifft, nämlich: 1. Nahrung; 2. Luft; 3. Ausleerung; 4. Kleidung; 5. Schlaf; 6. Bewegung und körperliche Übungen; 7. Gebrauch oder vielmehr Nichtgebrauch von Arzneien. Durch die daran geschlossenen weiteren Ausführungen zieht sich dann wie ein roter Faden die Mahnung zur Mässigkeit, Einfachheit und zu einer festen Gewohnheit. Im einzelnen sind vielleicht folgende Sätze erwähnenswert: „Schlafsucht macht dumm, Überessen macht stumpf. — Man muss sich gewöhnen alle Arten von Luft zu ertragen und täglich einige Zeit in freier Luft sein. — Die Kleidung muss nie zu warm sein; alles, was den Körper zu sehr einengt, ist schädlich, aber allzuweite und schleppende Kleider verhindern eine behende Bewegung der Kinder. — Bis ins zehnte Jahr sollte das Kind gar nicht stundenweise sitzen, sondern nur halbe Stunden; ein Kind durch frühen Unterricht still sitzen zu lehren, ist Thorheit." Auf gymnastische Übungen legte Wolf grossen Wert. „Vorzüglich die Knaben bedürfen einiger Übungen und fleissiger Bewegung in den ersten Jahren." — Vom 13. und 14. Jahre an bedarf der Körper schlechterdings „ordentlicher beständiger Übungen, die später oft in Gefahren nützlich sind." — Besonders „das Laufen, Klettern, Springen, Baden muss vernünftig gelernt werden, d. h. spielend und ohne Pedanterie." Es sei gut, „Knaben Tag um Tag eine oder die andere körperliche Übung treiben zu lassen, je nachdem dazu Gelegenheit sei, und die verschiedene Gesundheitsbeschaffenheit sie ratsam mache". Aber „eine zu künstliche Gymnastik taugt nichts." Dem Tanzen, das die Philanthropinisten so anpreisen und das auch Gesner und Heyne durch „Besondere maîtres" gelehrt wissen wollen, sei das Schlittschuhlaufen vorzuziehen.

Man hat es den Philanthropinisten als unsterbliches Verdienst angerechnet, dass sie so grossen Nachdruck auf die Aus-

---

[1]) 34 ff.

bildung des Körpers gelegt haben. Und gewiss, durch ihren Kampf gegen die unsinnige Kindertracht ihrer Zeit und durch die Einführung einer gesunden und naturgemässen Kleidung auf dem Philanthropin haben sie ungemein segensreich gewirkt. Allein, man vergesse nicht, dass auch dies inhaltlich nichts Neues war; neu und wirkungsvoll war nur die Art und Weise, wie sie die von Locke und Comenius überkommenen Ideen, man muss schon sagen, breitgetreten und übertrieben haben. Nicht in dem, was sie brachten, sondern in dem, wie sie es brachten, besteht also ihr Verdienst. Im übrigen verweise ich hier auf Hahn, der dies ausführlicher dargelegt[1]) und den Gössgen gerade hier leider viel zu wenig gewürdigt hat. Zu beachten ist auch noch, dass im Vergleich zu den anderen Philanthropinisten die körperliche Erziehung bei Basedow die kürzeste Behandlung erfährt. Selbst Gössgen giebt zu[2]), „dass Basedow nicht ganz so viel Wert auf dieselbe gelegt hat wie Rousseau", und dass er die Lockeschen Gedanken auch in seinen früheren Schriften schon gekannt hat"; der Einfluss Rousseaus bestehe vielmehr in der Begeisterung, mit der Basedow später diese Gedanken vorgetragen habe. So muss also schliesslich ganz der persönliche Eindruck entscheiden, und da will es mir für meinen Teil scheinen, als sei auch der jüngere Basedow schon gefühlswarm, will sagen marktschreierisch genug.

2. Psychische Erziehung.

a) Bildung des Intellekts.

In der Hauptsache beschränke ich mich hier auf die Zeit vor dem Eintritte des Kindes in die Schule.

Unter den dem Menschen angeborenen Trieben zählte Gesner, wie erinnerlich ist, an erster Stelle mit auf eine insatiabilis quaedam sciendi cupiditas. Aus ihrem Vorhandensein ergiebt sich für ihn die Notwendigkeit, mit der Bildung des kindlichen Geistes so frühe wie möglich zu beginnen[3]). Alle Neuhumanisten, mit Ausnahme Heynes, der sich über die erste Jugendzeit nirgends auslässt, stimmen mit Gesner hier überein, weshalb wir gleich alle zusammen betrachten können. So sagt z. B. Ernesti

---

[1]) 49—55. [2]) 90. [3]) 1504. 1517.

ganz im Sinne Gesners: ubi rationis se exserere vis incipit, tum vero tempus est et rationem omnibus modis excitare et colere et liberorum animos vera rerum divinarum aliarumque cognitione imbuere, quam capere posse videantur[1]). Die Belehrungen sollen aber nach Gesner nicht planmässig, sondern mehr rhapsodisch gegeben werden, wann und wo sich eben Gelegenheit dazu bietet. „Der Anfang kann damit gemacht werden", sagt er in der Schulordnung[2]), „dass ihnen die Namen der Kräuter, Bäume und Gewächse, item der Vögel und anderer Tiere, sowie sie zuerst vor das Gesicht kommen, gesaget werden"; ferner soll man sie bedeuten, „dass alles, was sie um sich sehen, eine Ursache haben muss. Z. E. das Haus, darinnen man sich befindet, ist von allerhand Handwerksleuten und Künstlern, die von einem Herrn gedinget und regiert worden, erbaut und zusammengesetzt: Die Bäume aber, woraus das Holz gehauen, die Steine, das Eisen u. s. f. ja Himmel und Erde und alles, was darinnen ist, sind Werke und Geschöpfe eines allmächtigen, allwissenden, allgütigen Herrn"[3]). Auch soll man sich bemühen, ihnen, soviel sich's thun lassen will, „die himmlischen Körper, die grossen Werke der Natur, wie Ungewitter, Regen und Schnee" als von Gott kommend zu erklären[4]). Das Denken beruht also durchaus auf Anschauung; das ist auch der Grundsatz Ernestis und Wolfs. Grossen Wert legte Gesner den Spielen bei: prout crescit intelligentia usu conformanda est ratio in lusu et omni actu vitae puerilis quoque, requirendis docendisque rationibus. Pueros vel ludendi vel instituendi causa ubique possumus docere. Talibus ludis possunt memoria, ingenium indiciumque exerceri[5]). Wolf sagt: „Es fragt sich, wie man Verstandessachen zum Spiel mischen kann, dies sind ernsthafte Spiele, d. h. Spiele, wodurch man die Seele auf das leitet, was sie fassen und womit sie sich beschäftigen soll. Weiss man das zu machen, so kann man die Seele früh üben, wobei sich auch der Körper besser befindet. Bei Gelegenheit von Spielen kann oft ein Same gestreut werden, der spät, aber gewiss reift"[6]). Von Wolfs eigener Kindererziehung erzählt Körte[7]): „Jedes Spiel selbst ward auf irgend einen guten

---

[1]) 609. [2]) 49. [3]) Sch.-O. 22. [4]) Sch.-O. 203. [5]) 1517 ff. [6]) 42. [7]) I, 112.

Gewinn für Geist und Herz, für Ohr, Auge und Hand bezogen, jede Neigung ward benutzt, jede Anlage genährt und geleitet."
„Natürlich einer der Nützlichkeitsapostel mit ihrer spieligen Methode!" würde gewiss mancher ausrufen, wenn er nicht eben erfahren hätte, dass diese Worte von Wolf gelten. — Von solchen Spielen nennt Gesner[1]) insbesondere das Ball- und Billardspiel um ihres mathematischen Nutzens willen; im weiteren Sinne rechnet er aber auch die Fabel hierher, d. h. überhaupt die erdachte Erzählung. Hauptsächlich kommt es ihm dabei auf Bildung und Übung des Gedächtnisses und der Phantasie an. „Den kleinen Kindern werden allerhand gute Sprüche so oft vorgesagt, bis sie solche behalten und wieder hersagen können: Hernach, wenn sie lesen können, wird ihnen der Vorteil gewiesen, durch öfteres Wiederholen einige wenige Worte, hernach immer mehrere in das Gedächtnis zu bringen; man gewöhnt sie an, sonderlich vor Schlafengehen, dasjenige, was sie festbehalten wollen, etliche Male fleissig zu überlesen; was sie einmal können, durch öftere Wiederholung zu behalten und immer mehr zu befestigen"[2]). Auf die Stärkung des Gedächtnisses legte er aber darum so grossen Wert, weil es ihm gewiss ist, „dass alles, was gelernt werden soll, mit dem Gedächtnisse gefasst werden muss und vergebens, ja nicht einmal möglich sein würde, die Beurteilungskraft zu brauchen, wenn nicht ein Vorrat von Worten und Sachen in das Gedächtnis gefasst worden, über welche und durch deren Zusammenhaltung, Vergleichung, Unterscheidung u. s. f. geurteilt wird"[3]). Auch Wolf verlangt[4]), dass man dem Kinde, „noch ehe es lesen lerne, viel Verständliches, besonders leichte und nützliche Verse bis zum Auswendiglernen" vorsage, und auch er betont in offenbarer Anlehnung an Gesner[5]): „Abends muss die zu treibende Sache vorbereitet werden, dann drückt sie sich der Kinderseele tief ein"[6]). Nichtsdestoweniger hat Gesner als Thomasrektor mit aller Entschiedenheit gegen das unverständige Auswendiglernen von Vokabeln, grammatischen Regeln und lexikalischen wie rhetorischen Erklärungen geeifert, wodurch „viele Hundert des Studierens müde und überdrüssig werden, ehe sie

---

[1]) Is. 1518 f. [2]) Sch.-O. 18. [3]) Sch.-O. 18. [4]) Cons. 76. [5]) Sch.-O. 18, 205. [6]) 49.

wissen, was studieren sei"[1]). Desgleichen warnt Ernesti: in altero autem illud imprimis cavendum, quo nihil pestilentius est, tenerae huic aetati, ne meros sonos et verba memoriae mandare cogas: quod qui faciunt, non homines, sed picas et psittacos loquaces efficiunt[2]). Die Philanthropinisten weichen von den Grundsätzen Gesners und der Neuhumanisten, soviel ich sehe, nur in zwei Punkten ab. Zunächst thun sie auch hier zuweilen des Guten zu viel und schiessen übers Ziel hinaus. Basedow sagt zwar im Methodenbuch[3]), dass er davon zurückgekommen sei, Polyhistorie von Kindern zu verlangen, und in der Prakt. Philos.[4]) begnügt er sich, wenn in den 13 oder 15 Jahren der ersten Jugend das Kind positiv nichts weiter lernt, als Lesen und Schreiben, aber schliesslich muss auch Gössgen[5]) zugeben, dass aller Einfluss Rousseaus nichts genützt habe, sondern dass „in der Praxis das Einwirken auf die kindliche Vernunft durch Vernunft doch wieder zum Vernünfteln ausartet". Und ich meine, wenn Basedow noch so sehr betont „in dem Kinde das Kind zu sehen", und wenn er noch so sehr gegen „Polyhistorie der Kinder" eifert und sich noch so sehr über die „scheingelehrte Windbeutelei" entrüstet, — die eine Thatsache, dass bei dem grossen Examen im Philanthropin sein vierjähriges Töchterchen Emilie sich schon in mehreren Sprachen ausdrücken konnte, diese eine Thatsache schlägt jenen Aussprüchen direkt ins Gesicht, und alle Versuche, sie zu entschuldigen, sind erfolglos. Wenn Basedow zeigen wollte, wie schnell die Jugend nach seiner Methode etwas lernen könne, so boten sich ihm wohl auch noch andere Gelegenheiten, und die Berufung darauf, dass Emilie ja nicht von ihrem Vater, sondern von Wolke unterrichtet worden sei, ist vollends hinfällig, Basedows Vorliebe zu dem verhassten Vernünfteln zeigt sich auch in dem Satze[6]): „Ein Teil des Tages sei den Kindern, selbst den Säuglingen bestimmt, d. h. setzet euch vor, täglich eine gewisse Zeit nach einem Plane mit ihnen umzugehen". Und wie sehr er „nach einem Plane" mit den Kindern umgegangen wissen will, zeigen seine Vorschriften, nach denen das Gedächtnis der Kinder

[1]) Sch.-O. 19. [2]) 610. [3]) 203. [4]) 2. Aufl. XI, 6. [5]) 100. [6]) El. W. I, 21.

auf dreierlei Art geübt werden soll[1]). Seine Anweisungen, wie man den Kindern das Sprechen beibringen soll[2]), sprechen aller Natürlichkeit Hohn. In eben diesem Elementarwerke[3]), also in einer Schrift, die doch gewiss den Stempel Rousseauschen Einflusses tragen müsste, finden sich auch Stellen, wonach das Kind mit den Zuständen der Seele bekannt gemacht werden und den Unterschied zwischen Seele und Leib, Leben und Tod, empfinden lernen soll. Pedantisch genug ist es ferner, wenn wir angewiesen werden, in der Rede mit Kindern nicht den Teil für das Ganze oder umgekehrt zu setzen, also nicht zu sagen „Du bist klein, lang, schwer", sondern zu sagen: „Dein Körper ist klein u. s. w."[4]). Aber die Krone aller Pedanterie ist es doch, wenn Basedow rät, nicht zu sagen: „Du, Friedrich, sieh!" sondern zuletzt saget oft „Du, Friedrichs Seele, sieh!" Und dem gegenüber steht Rousseau mit seiner Forderung: „Soyez raisonnable et ne raisonnez point avec votre élève!" Es sei auch hier wieder nachdrücklich auf Hahns gründliche Darlegung[5]) des schroffen Gegensatzes zwischen Rousseau und Basedow hingewiesen. — Aber es sei ferne, dass wir in den Fehler Raumers verfallen und diese Übertreibungen eines einzelnen der ganzen Richtung zum Vorwurf machen. Basedow war in vielen, ja man kann sagen in den meisten Stücken der extremste unter den Philanthropinisten. Einige Kleinigkeiten abgerechnet, sind die anderen alle gemässigter und ebensosehr gegen eine übertrieben frühe und allzu reichliche Belastung des kindlichen Geistes mit Kenntnissen, wie die Neuhumanisten.

Ein mehr grundsätzlicher Unterschied dagegen besteht darin, dass Wolff verlangt, man solle die Aufmerksamkeit der Kinder zunächst auf grosse und entferntere Gegenstände richten und erst von da zu den näheren übergehen[6]), während die Basedowianer nach Arnoldt[7]) gerade die entgegengesetzte Ansicht vertreten. Freilich muss ich Arnoldt auch den Beweis für diese Behauptung überlassen; dass dies die Ansicht der Philantropinisten war, lässt sich aus vielen Umständen erschliessen, eine ausdrücklich dahin zielende Forderung habe ich indessen nirgends finden können. Gesner scheint mir mehr den Philanthropinisten zuzuneigen,

---

[1]) Prakt. Phil.¹ 558. Meth. B. 167.   [2]) El. W. I, 35, 52.   [3]) I, 34.
[4]) El.-W. I, 32.   [5]) 70 ff.   [6]) 44.   [7]) II, 42.

wenigstens führt er als Beispiele für die daran zu knüpfenden Belehrungen meist ganz gewöhnliche und zugängliche Gegenstände an, und nirgends findet sich auch nur die Spur einer Ermahnung, dass man mit dem am weitest Liegenden anfangen soll. Indessen wird niemand diesem Unterschiede grosse Bedeutung beilegen.

Mehr anhangsweise will ich hier auf etwas eingehen, was unsere Untersuchung nur sehr entfernt berührt. Hahn [1]) führt aus, dass Rousseau bei der Anschauung ausdrücklich auf die Originale, die Natur zurückgehe, während bei Basedow als Hauptbildungsmittel der Anschauung die Abbildung erscheine. Gössgen [2]) meint, wenn Hahn daraus auf einen Unterschied beider hinsichtlich der Methode schliesse, so sei das falsch; das methodische Princip sei bei beiden das gleiche, der Unterschied erkläre sich aus Zweckmässigkeitsgründen. Gewiss ist bei Rousseau wie bei Basedow das methodische Prinzip dasselbe, nämlich: „Anschauung"! Das hat auch Hahn gar nicht bestreiten wollen, sondern er hat einen Unterschied in den Principien betreffs der „Hauptbildungsmittel der Anschauung" feststellen wollen, und da stimme auch ich ihm bei. Rousseau sagt ausdrücklich: „Ne substituez jamais le signe à la chose, que quand il vous est impossible de la montrer." Diesen Satz und andere, dem ähnliche hat Basedow zweifellos gekannt, und dennoch zeigt er den Kindern das Schaf in der Abbildung, wo es doch Schafe genug in natura giebt. Warum? „Weil die Kinder nun einmal ein besonderes Interesse an Bildern haben [3])". Also: Rousseaus Princip: „Bilder nur, wenn die Dinge nicht in natura zu haben sind!" Basedows Prinzip: „Bilder gelegentlich auch dann, wenn die Dinge in natura zu haben sind!" Also ist doch ein Unterschied im Princip vorhanden! — Im übrigen knüpft auch Basedow seine Belehrungen häufig genug unmittelbar an die Natur an. Uns ging die ganze Frage, wie gesagt, nur entfernt an, aber die kleine Abschweifung ist nicht umsonst gewesen; sie hat gezeigt, dass Basedow auch in diesem verhältnismässig nebensächlichen Punkte wenigstens bis zu einem gewissen Grade mit Gesner und den Neuhumanisten übereinstimmt. Auch Gesner nämlich steht keineswegs auf dem

---

[1]) 70. [2]) 98 Anm. [3]) Meth. B. 189.

strengen Standpunkte Rousseaus, wenn er in der Schulordnung [1] schreibt: „Bei Kindern von Extraktionen und Vermögen kann die Scheuchzerische Bilderbibel und dergleichen Werke grosse Dienste thun. Anderen Kindern giebt man, bis etwas Vollkommneres zu haben sein wird, den sogenannten orbem pictum in die Hände, erlaubt ihnen auch, das Buch mit Farben zu illuminieren mit dem Bedeuten, dass sie zu jeder Sache gehörige Farben zu nehmen haben, und z. B. das Gras nicht rot und das Wasser nicht gelb machen dürfen. Denn eben dadurch werden sie veranlasst, die Bilder so zu betrachten, dass sie auch einige Begriffe von den Sachen selbst bekommen. Hiermit können die Kinder eine Zeit, da man sie allein lassen muss, die ihnen sonst lange und verdriesslich würde, zu ihrem Nutzen hinbringen". Gesner hatte also einen mehrfachen Zweck im Auge, wenn er den Kindern Abbildungen auch von solchen Gegenständen gab, die leicht in Natur zu haben waren. Könnte nicht vielleicht Basedow ganz ebenso gedacht haben?

Endlich noch ein kurzes Wort über den Wert der Märchen bei Basedow. Hahn [2] meint nämlich, Märchen seien nach Basedows Ansicht nicht für die Kindheit passend. „Das Jahrhundert der Fabelnwiederholung und Feenmärchen muss ein Ende nehmen!" ruft er im Elementarwerk aus. Demgegenüber verdient eine Notiz bei Trapp [3] erwähnt zu werden: „Eine andere Frage ist es, ob man der Jugend auch Märchen erzählen dürfe. Schummel sagt in der Ankündigung zu den Märchen, die er vor einigen Jahren für die Jugend herausgab: ‚Die Kinder haben auch ihre Feenzeit'. Basedow fand dies gegründet und bestellte Exemplare für das Dessauische Institut. Auch ich lasse meiner Jugend die Märchen, und hier sind meine Gründe u. s. w." — So stimmen also auch hierin Philanthropinisten und Humanisten überein.

b) Ästhetische Bildung.

Dass Gesner im Vergleich zu Basedow von vornherein mehr Sinn für das Schöne gehabt habe, diese Vermutung ist schon durch den vorigen Abschnitt nahe gelegt worden, wo wir an einer kleinen Probe gesehen haben, wie er im besondern die

---

[1] 49. [2] 67. [3] Allg. Rev. VIII, 150 f.

Poesie verwertet wissen will. „Die Erlernung schöner Stellen ist eine von den grössten Vorteilen, welche man der Jugend zuwenden kann", sagt er in der Schulordnung[1]). Wenn er darum für die früheste Jugend „allerhand gute und schöne Sprüche", ferner Fabeln, Märchen u. s. w. empfiehlt, so thut er es zunächst allerdings nur um ihres didaktischen und moralischen Nutzens willen; sie sollen die Phantasie der Kinder anregen und, indem sie auswendig gelernt werden, das Gedächtnis stärken. Aber schon, dass er in so frühem Alter gegenüber den blossen Erzählungen die Verse, schöne Gesänge und Fabeln stärker betont, zeigt, dass er mehr damit beabsichtigt, als bloss zu moralisieren; die Kinder sollen wirklich von Jugend auf lernen, sich an der Poesie, am Schönen als solchem zu freuen. Es giebt ein freundliches Bild, wenn man sich vorstellt, wie Gesner nach dem Essen mit seinen beiden Kleinen zusammensitzt, mit ihnen spielt und dabei auf den Tisch trommelt: quadrupedante putrem sonitu quatit ungula campum. Denn, meint er, das musikalische Gehör, der Sinn für Takt, Rhythmus und Harmonie müsse bei Kindern zeitig geweckt werden[2]). Sind diese dann älter geworden, so ist „bei Lesung der Poeten nicht nur darauf zu sehen, dass der Verstand derselben klar werde, sondern es ist sonderlich nötig, anzuzeigen, was sowohl in den Worten, als selbst in den Gedanken und deren Ordnung poetisch, und was auch in ungebundener Rede zu gebrauchen sein möchte[3])". Zu diesem Zwecke sollen die Schüler mit den Tropen, Figuren, Versmassen, Reimen u. s. w. bekannt gemacht werden, und den poetisch Begabten unter ihnen soll es nicht an Gelegenheit fehlen, sich weiter auszubilden[4]). Beachtenswert ist, dass sich solche Ratschläge nicht nur in der Isagoge, sondern auch in der Schulordnung finden, die doch nicht bloss für Lateinschulen bestimmt war. In Rücksicht auf die Lateinlernenden aber beklagt er es, „dass die deutsche Nation vielfältig von den Ausländern so verächtlich gehalten und fast zum Sprichwort der Ungeschicklichkeit geworden, weil jährlich eine ziemliche Menge von der vornehmen und bemittelten Jugend in fremde Länder geht, welche aber grösstenteils in den Vorkammern, Bildergalerien, Kunstkammern, Medaillenkabinetten,

---

[1]) 19. [2]) 208. [3]) Sch.-O. 103. [4]) 74—77. 108.

Gärten, Schaupielen, selbst mit der Miene, und indem sie sich insgemein bei den schlechtesten Dingen aufhalten, noch mehr aber, wenn sie sich unterstehen, zu reden und zu urteilen, eine grosse Unwissenheit äussern: der doch gar leicht begegnet werden kann, wenn junge Leute beizeiten angewiesen werden, die Ovidianischen Verwandlungen zu lesen u. s. w."[1]) Ganz besonders aber dringt er auf gutes und verständiges Vorlesen. Das laute Lesen der Gedichte ist ihm so selbstverständlich, dass er in einem ziemlich ausführlichen Abschnitte poesis et ars oratoria zusammen behandelt; denn der Dichter schreibt nicht bloss, um uns ein vorübergehendes Vergnügen zu bereiten, sondern movere animos studet poeta[2]); wer darum scripta etiam gravissima et vehementissima recitat somniculose aut ita legit, quasi colligat syllabas: Ein fes te Burg ist un ser Gott, ille nihil sentit; sed recitentur cum affectu, ponatur accentus loco suo: et nihil erit fortius[3]). Man sieht, es war ihm um mehr zu thun, als um eine bloss oberflächliche Erklärung der gelegentlich mit zu behandelnden Gedichte. Die Schönheiten der dramatischen Poesie und ihren hohen Wert für die Selbstbildung der Erwachsenen weiss er wohl zu würdigen[4]); die Frage dagegen, ob das Theater eine Erziehungsanstalt auch für die Jugend sein könne, berührt er gar nicht. Ich glaube, die Entscheidung zu treffen ist nicht schwer. Er schwieg, weil er es für selbstverständlich hielt, dass Kinder nicht in das Theater gehören; Tragödien verstehen sie nicht, und die Komödien sind ihm wegen des Inhaltes zu bedenklich[5]). Kinderschauspiele aber, wie wir sie haben, gab es erstens damals wenig, und dann war seine Pädagogik überhaupt auch zu ernst, als dass er diese empfohlen hätte. — Wie wir aus der Isagoge[6]) ersehen, hatte Gesner zwar eine gewisse Vorliebe für Musik, aber für die Musik als Kunst ging ihm fast alles tiefere Verständnis ab. Es gehöre entschieden zu einer besseren Bildung, meint er, dass man etwas wisse von den Elementen dieser Kunst, von Musikinstrumenten und Musikgeschichte[7]). Auch in der Schulordnung widmet er der Musik einen verhältnismässig umfangreichen Abschnitt[8]), aus dem wir aber nur so viel erfahren,

---

[1]) Sch.-O. 100. [2]) 221. [3]) 209. [4]) 263 ff. [5]) 264. [6]) 277 ff. [7]) 284 ff. [8]) 130—134.

dass „die Anfangsgründe der Musik, soviel möglich, allen und jeden bekannt gemacht und dazu die nächste Stunde nach der Mittagsmahlzeit angewendet werden" soll; die erste Hälfte der Stunde wird für die Anfänger, die zweite für die Fortgeschrittenen bestimmt; die „so eine Stimme und natürliche Fähigkeit haben". sollten „nach und nach etwas treffen lernen", „die anderen zum wenigsten die Bedeutung der Kunstwörter und Zeichen begreifen". Gesner gönnte also dem Musikunterricht ziemlich viel Zeit; leider erfahren wir nichts darüber, was in diesen Stunden gesungen werden sollte. Im übrigen benutzt er dann in diesem Abschnitte die Gelegenheit, die Lehrer anzuweisen, dass sie „auf die sogenannten Kurrend-Schüler ein genaues, scharfes Auge haben". Er selber hatte als Kurrendaner die Stadtschule in Ansbach besucht und wusste gewiss aus eigener Erfahrung, wie in Ausübung dieses Amtes oft „Gelegenheit zu allerlei Bosheit, Mutwillen, Verachtung und Versäumung des Gottesdienstes sowohl. als anderer Pflichten und Lektionen genommen werde". In Leipzig mag es dann wohl wegen ebensolcher Vorfälle manchmal auch zu unliebsamen Auseinandersetzungen zwischen dem gestrengen Rektor und dem gleichzeitig an der Thomana wirkenden Altmeister Bach gekommen sein; es wird uns wenigstens berichtet, dass das Verhältnis zwischen beiden nicht immer ganz ungetrübt gewesen sei. Vielleicht erklärte sichs dann auch, dass Gesner in seiner Isagoge, während er alle möglichen und unmöglichen Namen aufführt, dennoch des grossen Bach auch nicht mit einem einzigen Worte erwähnt. — Von den übrigen Künsten bespricht Gesner noch die pictoria; er fasst darunter Malerei und Skulptur zusammen und bringt sie namentlich mit der Poesie in enge Berührung[1]). Ita liberalis ars est pictoria, sagt er auch hier wieder, ut illius rationes et historiam cognoscere humanitatis studiosum deceat[2]). Darum empfiehlt er als pulcherrimus liber, quem cognoscat unusquisque qui operam dat vel picturae vel poesie, des Engländers Spence: Polymetis, or an Enquiry concerning the Agreement between the Works of the Roman Poets and the Romains of the ancient Artists[3]). Auch Winkelmanns „Gedanken über die Nachahmung der griechischen

---

[1]) 288. [2]) 297. [3]) 288.

Werke in der Malerei und Bildhauerkunst" wird als liber pulcher genannt. Man sieht, Gesner war ein vielseitig gebildeter Mann und war auch an der bildenden Kunst nicht eilenden Schrittes vorübergegangen. Vorbilden für das Verständnis derselben will er die Jugend durch das Zeichnen, wobei er in erster Linie an das architektonische Zeichnen denkt[1]). Hören wir dabei eine interessante Begründung: interrogor, quomodo possit otium expleri puerorum, si tam brevi spatio, ac (ego) velim, discant Latinam linguam. Possunt feliciter occupari in historia, geographia, et quanam in re utilius quam in graphide? Hac ratione excalunt humanitatem et hominem universum: et tamen non metus est, ne fiant nasuti et se iam nimis doctos esse putent, sed semper erit, quod sibi deesse et adhuc discendum sentiant[2]). Überall der moderne und auf umfassende Ausgestaltung des Menschlichen bedachte Mann! Dass man den Kindern Bilder zum Ausmalen geben solle, haben wir schon im vorigen Kapitel gesehen. In seinem „Bedenken" sagt er: „Alle und jede Bürger der Schule müssen einige Anweisung zum Zeichnen bekommen[3]). Einige Erkenntnis der Kunsthandwerke ist auch allen und jeden nach Gelegenheit zu verschaffen und dadurch einesteils der Verstand überhaupt aufzuklären, andernteils aber eine Vorbereitung auf die künftige Lebensart zu verschaffen[4])". Demgemäss schreibt er noch für die zweite Klasse seines Gymnasiums vor: „sonderlich die beiden Architekturen samt der Perspektiv und Gründen des Zeichnens, wie auch gleicherweise „die Erkenntnis der Natur und Kunst".

Bei Ernesti finden wir nur spärliche Notizen, die für unsere Fragen etwas abwerfen. Immerhin werden in der Schulordnung[5]) die Lehrer verschiedentlich angewiesen, die Schüler ja auch auf die „Schönheit der Gedanken und des Ausdruckes" aufmerksam zu machen und den „Reichtum und die Kunst des Dichters, einen und denselben Gedanken vielfach zu verändern und auszudrücken, überdem die Deutlichkeit und Genauigkeit der Beschreibungen der Charaktere und der übrigen Schönheiten derselben, wie bei den prosaischen Schriftstellern" anzuführen. Die Dichter werden im Vergleich zu den Prosaikern unverkennbar

---

[1]) Bedenken S. 361. [2]) 298. 1285. [3]) S. 361. [4]) S. 357. [5]) V, 2. 8. 31.

bevorzugt. — Über den Musikunterricht auf den Fürstenschulen erfahren wir nichts. Welche bedeutende Rolle das ästhetische Moment in der Pädagogik Heynes und gar erst Wolfs spielt, welchen Wert sie in jeder Beziehung der Beschäftigung mit den Dichtern, namentlich den antiken beimessen, das wird jeder wissen, der nur jemals etwas von diesen beiden Männern gehört hat. Auf die Art, wie sie in den einzelnen Stunden die Antike der ästhetischen Erziehung nutzbor machten, kann ich hier nicht eingehen; ich beschränke mich auf einige allgemeine Ratschläge. Um mit Wolf zu beginnen, so sagt er: „Durch Gedichte, Musik und Zeichnen kann, nachdem Anlagen dazu vorhanden sind, das Schönheitsgefühl gebildet und auch in niederen Schulen darauf Rücksicht genommen werden[1]). — Mehr als alles befördern Gedichte eine gute Bildung, und hier sollte kein Unterschied in den Ständen gemacht werden; nur muss man durch schönes Vorlesen Empfindung erregen (vergl. oben Gesner!)[2]). — Bis ins siebente oder achte Jahr müssen Gedichte die Hauptsache sein, denn auf dieses Alter macht die Poesie die trefflichste Wirkung, während es die höhere Schönheit der Prosa noch nicht empfinden kann; es geht hier, wie mit der ganzen Nation, der Übergang in die Prosa ist sehr schwer.[3]) — In den drei unteren Klassen schon sind die beiden edleren Sinne zu bilden und zu üben, der Gesichtssinn durch Vorlegung schöner Figuren, Kunstwerke (nicht eines Basedowischen Bilderbuches, denn Gänse und Hühner müssen in natura studiert werden), sondern Figuren aus den bildenden und zeichnenden Künsten vorzüglich[4]). — Beim Zeichnen werden Ideen von Schönheit erweckt und die Natur giebt mehr Genuss[5]). — Neben oder gleich nächst der Übung in deutlicher und gefälliger Schrift muss wenigstens drei Klassen hindurch ein guter Unterricht im Zeichnen gegeben werden[6]). — Das Zeichnen ist jedem nützlich; in den gebildeten Ständen ist Zeichnen oder Musik, eins von beiden, sogar notwendig[7]). — Ebenso muss das Ohr gebildet werden: 1) durch schönes, deutliches Vorsprechen (vergl. Gesner) einzelner zu Sätzen verbundener Wörter; 2) Vorlesen und Recitieren von Versen und kleineren Perioden; 3) dann

---

[1]) 47. [2]) 44 f. [3]) 45. [4]) 140. [5]) 47. [6]) 141. [7]) 47.

Verse von allerlei Art, jambische, trochäische, daktylische u. s. w.¹) — Die Elemente der Musik vermittelst des kunstmässigen Singens werden jetzt mit Recht als ein desideratum jeder öffentlichen Schule angesehen²). — Ohne Musik sei keine Schule³). — Es ist unglaublich, wie auch nur einige das Wort begleitende Musik auf die jugendliche Seele wirkt⁴). — Auch künstlerische Köpfe müssen auf dem Gymnasium eine sichere Grundlage erhalten"⁵). Ehedem ebenfalls Currendaner (nämlich in Nordhausen), nimmt er die Singechöre gegen mancherlei Angriffe in Schutz; die besten Sänger sollen im Gesangunterrichte als Vorsänger dienen⁶).

Hinter diesen Sätzen bleibt nun Heyne quantitativ beträchtlich zurück. Immerhin aber glaubt man gar nicht den berühmten Philologen und Humanisten vor sich zu haben, sondern im Philanthropin zu Dessau zu sein, wenn man hört: „Da das Tanzen zur Bildung des Äusserlichen am jungen Menschen überhaupt so viel beiträgt, so werden bei der valediktorischen Redeübung um Ostern und bei der feierlichen Redeübung und dem Examen gegen Michaelis in Gegenwart des Visitators ein paar Bälle erlaubt, zugleich werden dann von der Geschicklichkeit in der Musik Proben in einem öffentlichen Konzert abgelegt"⁷). — Für das Zeichnen waren verschiedene gute Gypssachen, eine eigene Zeichenstube und andere Einrichtungen vorhanden, für jedes der genannten Fächer ausserdem ein besondrer Lehrer angestellt.

Nun zu den Philanthropinisten! Wer in Goethes „Wahrheit und Dichtung" die drastische Schilderung der unästhetischen Art und Weise Basedows gelesen hat, der wird diesem Pädagogen und seinen Schülern von vornherein nicht gerade viel Verständnis für den Wert der ästhetischen Bildung zutrauen. Aber operieren wir nicht mit Vorurteilen! Wenn wir im Elementarwerke⁸) lesen: „Fabeln haben bei weitem nicht dieselbe Wirkung als wahre oder erdichtete glaubliche Erzählungen", und wenn er deshalb eine Anzahl Kindererzählungen bringt, die er selber gemacht hat (man kann's nicht anders nennen), und die an Nüchternheit und aufdringlicher Lehrhaftigkeit ihresgleichen suchen, so beweist das allerdings, dass er für das Seelenleben eines Kindes,

---

¹) 141. ²) 142. ³) 125. ⁴) 142. ⁵) 143. ⁶) 142. ⁷) „Nachricht" 56.
⁸) II, 243 f.

also auch für Poesie — denn das Seelenleben eines Kindes ist Poesie — wenig Sinn gehabt hat. Aber ich möchte daraus nicht zu viel Kapital schlagen. Einige zwanzig Seiten weiter[1]) findet sich der Satz: „Die Gärtnerei, die Baukunst, die Bildhauerkunst, die Poesie und Tonkunst, der Tanz und andere Künste bieten unserem natürlichen Geschmacke an Schönheit und Harmonie viel Vergnügen an, besonders, wenn wir uns in der Jugend bemüht haben, wenigstens etwas von den Regeln dieser Künste zu wissen. Also nimm die Gelegenheit dazu wahr, diesen Genuss sowohl vorzubereiten, als wirklich zu haben." Und schon im Methodenbuch[2]) heisst es: „Zum letzten Ziel einer guten Erziehung gehört es auch, den Kindern Geschmack an den schönen Künsten zu verschaffen, weil sie ihnen in späteren Jahren Vergnügen bereiten." — Im Philanthropin drang man, wie Gesner, auf gutes Vorlesen[3]), erklärte den Schülern die unverständlichen Ausdrücke, den Charakter des Stils und die hauptsächlichsten Tropen und Figuren[4]); alle Sonnabende fand ein Konzert statt[5]); gelegentlich wurden auch kleine Kinderschauspiele[6]) aufgeführt; „Vokalmusik wurde unentgeltlich gelehrt, wer ein Instrument lernen wollte, fand „gute Gelegenheit"; zum Unterrichte im Zeichnen, Malen und Kupferstechen war ein Künstler bestellt, der, wenn es verlangt wurde, auch in der Baukunst unterrichten konnte[7]). Was könnte man von einer Schule für die ästhetische Ausbildung |noch mehr verlangen? — Von Campe berichtet uns Hahn[8]) einen „berüchtigten Ausspruch, nach dem das Verdienst dessen, der das Spinnrad erfunden, oder dessen, der den Kartoffelbau einheimisch gemacht hat, über dasjenige des Dichters der Ilias und Odyssee gestellt wird". Diese Gegenüberstellung mag nicht gerade häufig sein, vielleicht auch etwas Prosaisches an sich haben, ich weiss nicht, durch welchen Zusammenhang sie bedingt ist. Aber gleichviel, — besagt sie denn wirklich etwas so Ungeheuerliches? Ich für meinen Teil möchte wenigstens nicht behaupten, dass das Verdienst Homers um die Entwickelung der Menschheit in der That grösser sei, als das Verdienst dessen, der das Spinnrad erfunden und damit den Grund für die Industrie gelegt hat.

---

[1]) 267. [2]) 97. [3]) Meth. B. 223. [4]) El. W. IV, 213 ff. [5]) Phil. Arch. II, S. 109. [6]) Phil. Arch. [7]) Phil. Arch. II, S. 110. [8]) 65.

Ich habe mich im Vorstehenden zunächst an einzelne ausdrückliche Dikta gehalten. Ihnen liesse sich leicht noch eine ganze Reihe anfügen. Daneben kommt es aber doch auch auf die ganze geistige Haltung an, und diese zeigt sich oft mehr in den Zusammenhängen und zwischen den Zeilen, als in ausdrücklichen Aussprüchen. Darum sei zum Schluss nur noch eine Abhandlung „Über ästhetische Erziehung" genannt, die sich in der „Kurzen Erziehungslehre" eines gewissen C. H. Wolke findet; sie verrät eine eingehende Bekanntschaft mit den geistigen Grössen ihrer Zeit, Kant, Goethe, Schiller, Lessing, Jean Paul, Jacobi u. s. w., enthält so viel Annehmbares und Anregendes, zeigt so viel Verständnis für ästhetische Erziehung, dass man lange nicht glauben will, dieser Wolke sei jener vielverschrieene Mitarbeiter Basedows. Findet sich auch daneben manches, was uns heute vielleicht nicht mehr zusagt, so bedenke man eben: tempora mutantur etc.; jedenfalls ist das Werkchen sehr empfehlenswert. Denn wer es einmal gelesen hat und nicht gerade aus Prinzip gegen alles Philanthropinistische ist, der wird sicherlich davon zurückkommen, Basedow und seine Schüler über einen Kamm zu scheeren und in ihrer Pädagogik nur Erheben des Gemeinen und gemeines Verachten des Edlen zu finden.

Alles in allem geurteilt, kann man also zwar nicht behaupten, dass bei Gesner und den Philanthropinisten die Ästhetik in der Erziehung zu ihrem vollen Rechte käme — das ist vielmehr erst bei Wolf der Fall — wohl aber hat sich gezeigt, dass beide in der ästhetischen Erziehung für ihre Zeit eigentlich alles Mögliche boten, und insbesondere, dass der Unterschied zwischen Gesner und den Philanthropinisten keineswegs ein sehr bedeutender ist.

c) Moralische Bildung.

Wir haben schon früher gesehen, dass Gesner unter educatio überhaupt das versteht, was wir im engeren Sinne mit moralischer Erziehung zu bezeichnen pflegen, und dass diese educatio gegenüber der praeceptio, der intellektuellen Ausbildung, den Vorrang hat. Dementsprechend enthält denn auch der Abschnitt seiner Isagoge[1], der mit educatio überschrieben ist, in der Hauptsache

---

[1] 1502 ff.

nur Winke bezüglich der moralischen Erziehung. Ganz ebenso versteht Ernesti in seinen Initia[1]) unter cura subolis zum weitaus grössten Teile die moralische Erziehung, und auch er stellt sie durchaus in den Vordergrund. Desgleichen betont auch Wolf die Sittenzucht als den wichtigsten Teil der Erziehung, und nicht minder stimmen die Philanthropinisten darin überein, dass Bildung des Willens die Hauptaufgabe der Erziehung sein müsse. Wenn auch Gesner es nirgends wirklich formuliert, so ist doch aus zahlreichen Redewendungen ersichtlich, dass er der moralischen Erziehung einen doppelten Charakter zuschreibt: einen negativen, Bewahrung vor dem Bösen, und einen positiven, Bestärkung oder Gewöhnung im Guten. „Die zarten Kinder müssen mit dem grössten Fleisse vor allem Ärgernisse bewahrt werden. Fluchen und Lästern, schändliche und unzüchtige, lügenhafte und betrügerische Worte und Handlungen sind an sich schon strafbar genug, werden aber noch vielmal strafbarer, wenn sie in Gegenwart kleiner Kinder ausgeübt werden"[2]). Diese Zweiteilung in der moralischen Erziehung finden wir dann auch bei den Späteren. Wolf[3]) sagt: „Die Hauptpflicht der Eltern ist, die Kinder vor jedem bösen Beispiele (σκάνδαλον) zu bewahren." Und Basedow meint: „In der Gewöhnung und in der sorgfältigen Bewahrung vor bösen Gewohnheiten besteht mehr als die Hälfte der Erziehung"[4]). Ganz in demselben Sinne äussern sich Trapp[5]), Stuve[6]), Campe[7]), Villaume[8]) und Ernesti[9]).

Der moralischen Erziehung geht nun aber die intellektuelle zur Seite; jene hat den Vorrang, also muss sich diese ihr dienstbar machen, und sie thut es, indem sie, den Zögling belehrt, warum dies gut und jenes schlecht ist, und indem sie nachweist, wie das moralisch Schlechte auch sehr oft physisch Nachteil bringt. So empfehlen Humanisten wie Philanthropinisten die Lektüre guter Kinderschriften; die letzteren verfassten selbst solche, aber nur Salzmanns Elementarbücher fanden Wolfs Beifall[10]). Die direkte, mündliche Unterweisung bezw. Zurechtweisung ist daneben nicht ausgeschlossen; Basedow hält es für wünschenswert, dass „in jedem Hause wenigstens wöchentlich einmal im

---

[1]) 603 ff. [2]) Sch.-O. 202. [3]) 76. [4]) Meth. B. 149. [5]) 305 ff.
[6]) Allg. Rev. I, 325 ff. [7]) A. R. II, 207 ff. [8]) A. R. IV, 5; V, 313 ff.
[9]) 605. [10]) 44.

Beisein aller Hausgenossen eine kurze Tugendlehre vorgelesen werde"[1]). Aber im allgemeinen gab man auf diese Art, sittlich zu erziehen, nicht viel. Apparet virtutem non tam praeceptis doceri quam adsuefactione posse meint Gesner und er freut sich, dass er hierin mit Sokrates und Rousseau übereinstimmt[2]). Wolf sagt, das allgemeine Moralisieren helfe nicht viel und nur bei gewissen Personen; man könne das gelegentlich kurz und mit Energie thun[3]). Auch die Philanthropinisten kamen von dem obenerwähnten Rat ihres Meisters sehr bald zurück. „Deklamationen werden hier gar nichts helfen; Ernst, Würde, Beifall nur können gute Wirkungen thun", meint Villaume[4]) bei den „Mitteln, die Tugendliebe zu erwecken". Und Trapp[5]) sagt: „Solange wir keine natürliche Erziehung haben, müssen wir alle Tugenden die Kinder grösstenteils durch Vorpredigen lehren. Aber wir werden doch wohl gut thun, wenn wir so wenig Worte machen, als nur immer möglich ist."

Das erste, wozu Gesner das Kind erzogen wissen will, ist der Gehorsam. „Diejenigen Eltern, denen Gott junge Kinder gegeben", heisst es in der Schulordnung[6]), „müssen sich vor allen Dingen bemühen, dieselben zum Gehorsam anzugewöhnen und damit nicht warten, bis sie in ihrem Eigenwillen erstarrt, sondern in zeiten ihnen etwas befehlen, was sie nicht thun müssen. Wenn die Kinder diese erste Lektion wohl lernen, welche angefangen werden muss, sobald sich die ersten Funken des Verstandes und Bemühungen der Sprache äussern: so ist das Hauptwerk in der Zucht schon gewonnen"[7]). Ganz ebenso Ernesti[8]). Nach Wolf muss das Kind noch vor dem sechsten Jahre „an unbedingten Gehorsam gegen Eltern und ältere, wohlmeinende Personen gewöhnt sein (man muss es haben anlaufen lassen und wo nötig durch Züchtigungen)"[9]). Trapp beginnt den Abschnitt[10]) „Von der sittlichen Erziehung" mit den Worten: „Das erste, was man hier zu thun hat, ist, dass man die Kinder zum unbedingten Gehorsam gegen die Befehle ihrer Eltern und Lehrer gewöhne". Nicht minder endlich ist bei Basedow der Gehorsam die erste Grundlage aller guten Erziehung.

---

[1]) El. W. II, 297.   [2]) 1422.   [3]) 41.   [4]) A. R. IV., 105 ff. 299 ff.   [5]) 435.
[6]) 201.   [7]) Vergl. auch Is. 1512.   [8]) 607 ff.   [9]) 76.   [10]) 433.

Das beste Mittel, um die Kinder zur Tugend anzuleiten, ist die Religiosität. „Sobald die Kinder einiges Gesprächs fähig sind", sagt Gesner, „muss der Grund zu ihr in die zarten Seelen gelegt werden, indem man ihnen von Gott als dem Schöpfer und Erhalter aller Dinge und auch ihres Lebens vorsagt, alles Gute von ihm erwartet, ein Entsetzen vor seinen Strafen merken lässt u. s. f. Sonderlich muss die Allgegenwart und Allwissenheit Gottes ihnen eingeschärft werden, nach welcher ihm auch die heimlichsten Sünden nicht verborgen bleiben u. s. w."[1]) Dass der orthodoxe Professor der Theologie Ernesti frühzeitig die Religion in den Dienst der Erziehung gestellt wissen will, bedarf wohl keiner Belegstelle. Aber auch der liberale Wolf will den Kindern früh Religiosität einflössen[2]), wobei „die Wunder der Natur die beste Grundlage zur Idee von der Grösse des Schöpfers bieten, worauf künftig die Religion gebaut wird"[3]). Basedow[4]) sogar, der angebliche Verächter aller Religion, sagt: „Bevor die Kinder fertig lesen können, soll schon aller Unterricht in der Religion durch Gespräche, Fragen und Vorsagen erteilt werden", und im Methodenbuch[5]) steht zu lesen: „Sobald die Kinder fähig sind, durch die nötigen Vorkenntnisse zur Unterscheidung ihres persönlichen Wesens und ihrer Seele von dem sichtbaren Körper gebracht zu werden und folglich eine Unsterblichkeit nach dem Tode des Leibes zu denken, wie auch sich wahre, obgleich sehr unvollständige Begriffe von Gott zu machen, so müssen wir, soweit es die elementarische Ordnung der Vorkenntnisse zulässt, nicht nur eilen, ihnen diese Begriffe beizubringen, sondern sie ihnen auch gleich anfangs, vermöge ihres natürlichen Vertrauens zu unsern Aussprüchen, als wahr vorstellen, und zwar früher, als sie die Beweisgründe, die nur in geübten Seelen wirken, verstehen oder ihre Kraft empfinden können". Dass Basedow persönlich eine deistisch durchsetzte Religion vertrat, kommt hier nicht in Betracht, uns genügt zu wissen, dass er die Religion überhaupt pädagogisch verwendete, und ausserdem war das, was er den Kindern vor dem schulpflichtigen Alter an Religion darbot, von diesem Deismus völlig frei, da es sich, wie der zuletzt angeführte Ausspruch zeigt, dabei nur um die allgemeinsten

---

[1]) Sch.-O. 203. [2]) 76. [3]) 43. [4]) Prakt. Phil.¹ 634. El. W. IV. [5]) 366.

Grundzüge des Glaubens an Gott und an die Unsterblichkeit der Seele handelte. (Auf seine Religion für die älteren Kinder komme ich im nächsten Teile zu sprechen.) Dasselbe gilt von Wolke[1]). Villaume will die Religion durchaus nicht aus der Erziehung verbannt wissen, er wendet sie insbesondere „wider die bösen Triebe" an, aber er lehrt sie nicht früher, als bis „die Jugend im stande ist, ihre Lehre zu begreifen", wofür er freilich ein bestimmtes Alter nicht angiebt[2]).

Neben der Religion gilt als hauptsächlichstes Mittel, sich bei Kindern Gehorsam und Autorität zu verschaffen und überhaupt moralisch auf sie zu wirken, die Liebe. „Soviel als möglich", sagt Gesner[3]), „muss gleich von Anfang an darauf Bedacht genommen werden, dass die Kinder ihre Erzieher lieb gewinnen. Wen ein Knabe lieb hat, auf den hört er und mit dem ist er gern zusammen. Die Liebe lehrt alles Gute. Durch freundliches Wesen, das der Würde keinen Abbruch thut, durch Teilnahme an ihren kindlichen Freuden, durch Nachsicht mit ihren Fehlern muss zuvörderst dahin gewirkt werden, dass sie suchen, in Güte behandelt zu werden, und es für die grösste Strafe ansehen, wenn ihnen dies verweigert wird. Wer so mit ihnen umgeht, dem laufen sie nach, wie dem Rattenfänger von Hameln. Aber hierin wird am schwersten gesündigt, privatim und in den Schulen; das Zerstossen eines Fensters, eine Unentschlossenheit oder ein Gedächtnisfehler werden wie schwere Vergehen bestraft. Wenn ein Kind etwas zerbrochen oder sonst etwas versehen hat, so muss man ihm verzeihen u. s. w." Desgleichen betont Ernesti überall, dass Liebe der Grundton der Erziehung sein müsse, und er schliesst in seinen Initia den betreffenden Abschnitt mit den Worten: vis brevem quidem virtutis simulationem cupiditatumque et vitiorum dissimulationem, veram virtutem gignere nullo modo potest[4]). Wie stark die Philanthropinisten auf liebevolle Behandlung drangen, ist hinreichend bekannt. Hat man ihnen doch vorgeworfen, dass sie die Kinder verwöhnt, verhätschelt hätten. In der That gewinnt man stellenweise diesen Eindruck, und es ist keine Frage, dass die Pädagogik der Neuhumanisten entschieden einen ernsteren, gesetzteren Charakter trägt. Allein

---

[1]) 156 ff. [2]) A. Rev. 5 Bd. XIV. [3]) 1506 ff. [4]) 614.

die Philanthropinisten waren keineswegs Gegner jeglicher Strafe überhaupt, sie wollten dieselbe nur im Vertrauen auf ihre Methode ebenso wie Gesner aus der intellektuellen Erziehung verbannt wissen; wo es sich dagegen um sittliche Vergehen, sonderlich um Ungehorsam und bösen Willen handelt, da halten auch sie die Rute für das beste Strafmittel[1]).

Dass Lügenhaftigkeit streng zu strafen sei, darin sind Gesner und die Philantropinisten natürlich ebenfalls einig; ebenso aber auch in dem kleinen und darum um so charakteristischeren Zuge, dass die Lüge und Verstellung in manchen Fällen, z. B. im Kriege, aber auch im Privatleben, nicht nur nützlich, sondern sogar notwendig, also erlaubt sein kann[2]).

Was die Belehrung der Kinder über geschlechtliche Verhältnisse anlangt, so geht Basedow nach unseren Anschauungen von heute gewiss zu weit, wenn er bereits im Philanthropin die Kinder über Zeugung und Geburt unterrichtet. Auch Wolke[3]) treibt die Sache auf die Spitze, nicht sowohl hinsichtlich des Wann? als vielmehr hinsichtlich des Wieviel? Aber machen wir daraus nicht den Philanthropinisten allein einen Vorwurf! So wie sie schrieben, dachte ihre ganze Zeit; war es doch die Zeit der Aufklärung! Man denke nur an gewisse Dichtungen unserer besten Klassiker! Selbst ein Niemeyer[4]), den man doch nicht gerade zu den Philanthropinisten rechnen kann, schreibt, und noch am Anfange unseres Jahrhunderts: „Man muss die Kinder nicht täuschen wollen. Es hat sicher nicht den geringsten Schaden, wenn man ihnen, seien sie auch noch so jung, sagt, dass sie aus dem Leibe ihrer Mutter hervorgehen, dass diese dabei viel Schmerzen leidet und deshalb krank wird. Sie sehen das täglich, warum sie denn irre führen? Warum sie misstrauisch gegen sich machen? Warum nicht dadurch auch Mutterliebe gründen?" Und noch Wolf ist nicht grundsätzlich gegen eine solche Aufklärung, wenn er meint: „Die Kinder mit dem Geschlechtstriebe bekannt zu machen, kann gut sein und nicht gut; es kommt viel auf das Subjekt und auf die Umstände an"[5]). Einen nicht weniger freien Standpunkt verrät schliesslich auch Gesner schon, wenn er — abgesehen von seinen

---

[1]) Villaume, A. R. II, 440 ff. Wolke 72. [2]) Is. 1286. El. W. II. 270. Meth. B. 73. [3]) 173 ff. [4]) I, 441 Anm. a. [5]) 41.

zahlreichen, schlüpfrigen Anekdoten in der Isagoge — seine Alumnen in Ilfeld[1]) belehrt: corpus ab omni impuritate venerea castum habento (adolescentes), certi, nihil minus non modo cum sanctitate Christianorum, sed etiam cum bona mente convenire, quam impuratum mala libidine corpus atque animum: voluptatesque omnes naturales, quo longius dilatae, quo parcius sint adhibitae, tanto suaviorem fructum habere, tanto posse diuturniores. Ganz verkehrt und einseitig also ist es, die Philanthropinisten allein wegen der Anschauungen ihrer Zeit verantwortlich zu machen. Es ist ja gerade hier der Punkt, wo man den Philanthropinisten ganz besonders den Vorwurf der Gemeinheit gemacht hat. Man vergesse aber doch nicht, dass eben diese Philanthropinisten auf der anderen Seite auch wieder sehr viel Gutes haben zeitigen helfen, indem sie die Unsitten ihrer Zeit gegeisselt und dagegen geeifert haben, dass man die Kinder frühzeitig zur Galanterie erzog, ihre zarten Körper sobald wie möglich durch die Mode verunstaltete, ihre Sinne dadurch unnatürlich reizte, sie mit schädlicher Lektüre bekannt machte, ihnen alle Musenalmanache und Moderomane zu lesen gab, Kinderbälle veranstaltete, dadurch die Kleinen schon frühzeitig blasiert machte und ausserdem in ihre Seelen nur den Keim zur Koketterie und zur Sinnlichkeit legte u. s. w. Vergl. Campe[2]), Villaume[3]), Trapp[4]), Auch wo Gesner auf solche Missstände stösst, steht er auf der Seite der Nützlichkeitsapostel[5]).

Es könnte noch des weiteren dargelegt werden, dass und auf welche Weise hier wie dort die Kinder zur Ordnung, zur Reinlichkeit, Sparsamkeit, Freigebigkeit u. s. w. angehalten werden sollen, allein es müsste nur wiederholt werden, was ich schon durch die bisherigen Ausführungen hinreichend bewiesen zu haben glaube, dass nämlich auch in der moralischen Erziehung, sowohl in Rücksicht ihrer nachdrücklichen Betonung, als in Rücksicht auf ihre hauptsächlichsten Einzelbestimmungen, zwischen Gesner, Neuhumanisten und Philanthropinisten eine vollständige Gleichheit der Anschauungen waltet.

---

[1]) 8. [2]) A. R. V. 11 ff. 86 ff. [3]) A. R. II. 556 ff. IV. 551 ff. [4]) 439 ff.
[5]) Vergl. Isagoge bes. Decorum et venusta humanitas.

III. Unterricht.

1. Unterrichtsstoffe.

a) Sprachen und Geschichte.

Deutsch. „Die Muttersprache ist keineswegs hintanzusetzen, wie das leider früher in den Schulen der Fall war. Vielmehr müssen alle und jeder Bürger der Schule in der Muttersprache rechtschaffen lesen und schreiben, auch einen verständlichen und vernünftigen Brief aufsetzen können. Dabei ist die Jugend vom ersten Anfang an zu gewöhnen, dass sie so viel wie möglich der fremden Wörter sich enthalte, so sehr die deutsche Sprache schon gleichgiltige hat; so arm ist sie nicht, dass sie nicht der meisten fremden entbehren könne. Schon die Eltern können hierbei viel thun, indem sie ihre Kinder nicht dem Umgange mit Leuten anvertrauen, durch die sie wie in vielen anderen Beziehungen so auch in der Sprache verdorben werden. Doch hüte man sich vor einer allzu abergläubischen Beobachtung der Sprachreinheit, welche lächerlich wird, wenn man gewisse und lange in die Sprache aufgenommene Wörter eigensinnig vermeiden will. Die Muster derer, welche nach gemeiner Übereinstimmung für gute Schreiber gehalten werden, thun das meiste bei der Sache. Klopstock steht jetzt unter diesen mit oben an; er ist ja gewiss ein dichterisches Talent und sein Gedicht (Messias?) hat zuweilen einen genialen Schwung. Aber trotzdem möchte ich ihn nicht als Muster empfehlen. Ganz abgesehen davon, dass ich die Religion nicht in den Bereich einer solchen Dichtungsart gezogen wissen möchte, abgesehen auch davon, dass er mitunter ohne Grund ganz neue Worte bildet, sollten seine Freunde ihn doch einmal belehren, dass die Verse, die er uns als Hexameter aufhängen will, ja gar keine Hexameter sind! Kein Mensch kann sie lesen. Überhaupt sollte er nicht so mir nichts dir nichts eine neue Dichtungsart einführen; wenn das jeder thun wollte, müssten gar bald die früheren Dichter in Vergessenheit geraten. Dagegen sind Gottsched, Mosheim, Rabner, Gellert recht wohl als Klassiker zu gebrauchen." Zeigen schon diese vermischten Gedanken Gesners aus der Schulordnung und der Isagoge, dass er deutsche Sprache und Litteratur keineswegs gering achtete, so hat er sich um sie ein wirkliches und nicht geringes Verdienst dadurch erworben, dass er 1739 nach dem Vorbilde der Gottschedschen Gesellschaft in seinem Hause eine deutsche Gesellschaft gründete, die aus Professoren, Studenten und anderen gebildeten Männern bestand, und die sich alle Sonnabende versammelte, um Gewandtheit im mündlichen und schriftlichen Gebrauche der bis dahin so vernachlässigten Muttersprache zu erlangen, und „schöne Stellen der alten und neuen Ausländer auf eine solche Art in die deutsche Sprache zu übertragen, dass dieselben so wenig als möglich von ihrer natürlichen Schönheit und dem Nachdrucke der einzelnen Worte in der Grundsprache verlieren und doch einem vernünftig erzogenen Deutschen verständlich werden"[1]). Gesner selber beklagt es wiederholt, dass er seiner Ausbildung in deutscher Darstellung zu wenig Zeit und Aufmerksamkeit geschenkt habe und ihm nun infolgedessen die rechte Gewandtheit in der Form abgehe. Das mag gewiss auch ein Hauptgrund mit gewesen sein, warum der sonst so moderne Mann sich denen nicht anschloss, die auf den Universitäten deutsche Vorlesungen einführten und damit bis zu einem gewissen Grade seinen Beifall hatten[2]). Hauptsächlich aber waren es drei Gründe, um derentwillen er das Latein in den Vorlesungen beibehalten wissen wollte: 1. weil es eine Art Universalsprache der Wissenschaft sei und sich auch zum Lehren, wie zum Lernen vortrefflich eigne; 2. weil die Reinheit der deutschen Sprache durch das Eindringen vieler unentbehrlicher Fremdwörter nur leiden würde; 3. um dadurch solche, die nicht studieren, von Vorlesungen und öffentlichen wissenschaftlichen Erörterungen fern zu halten und dadurch wieder die Gelehrten bei Meinungsverschiedenheiten vor ungerechtem Spott und die Ungebildeten ausserdem, wo es sich um religiöse und metaphysische Fragen handelt, vor unnötigem Zweifel zu bewahren[3]). Zu ihrem vollen Rechte kommt also die deutsche Sprache bei Gesner noch nicht, aber wir dürfen nicht vergessen, dass es vor ihm noch viel trauriger um sie bestellt war; seine Bemühungen, sie zu heben, verdienen jedenfalls alle Anerkennung.

Einen merklichen Fortschritt bezeichnet dann wieder Wolf,

---

[1]) Kl. d. Schn. 60 f. [2]) 91 ff. [3]) 86.

obwohl man gerade ihm Vernachlässigung des Deutschen vorgeworfen hat. In seiner Vorlesung „Über ein Wort Friedrichs II. von deutscher Verskunst"[1]) giebt er seiner Liebe zu der Muttersprache beredten Ausdruck; auch seine Vorrede zu den „Wolken" des Aristophanes ist ein gutes Zeugnis hierfür. Er tadelt es, dass Ernesti auf den er sonst viel hält, von der „Frau Muttersprach'" abfällig gesprochen habe, wenn auch gewiss nur in der Absicht, um seine Schüler für das Latein zu gewinnen[2]). „Zur höheren Bildung", sagt er, „gehört vor allem ein guter Unterricht in der Muttersprache; an ihr lernt man leicht über die Sprache nachdenken"[3]). An einer anderen Stelle heisst es: „Deutsch sollte wohl billig immer obenan stehen und A sein"[4]), und so verlangte er denn auch, dass es gleich in der untersten Klasse der höheren Schulen grammatisch betrieben werde[5]), eine Forderung, in der — das ist bemerkenswert — Humanisten und Basedowianer durchaus zusammenstimmen. Wie aus Wolfs Stundenplan für das Kgl. Joachimsthalsche Gymnasium[6]) ersichtlich ist, gehörten dem Deutschen in VII 3, in VI 4 und in III sogar 5 Stunden; besonderes Gewicht legte er dabei auf Deklamieren und Recitieren. In Quarta wurde mit dem Anfertigen deutscher Aufsätze begonnen. Als Lektüre werden natürlich die Klassiker empfohlen, und interessant ist, dass Wolf, im Gegensatze zu Gesner, Klopstock ziemlich hochschätzt, es sei „ein Dichter von fast griechischem Ohr".

Dass die deutschen Klassiker auch bei den Philanthropinisten in Ansehen standen, wurde bereits im vorigen Abschnitte angedeutet. Mehr noch als Wolf legten sie Wert auf deutsche Aufsätze, praktische Ausarbeitungen von Klagen, Verteidigungen, Protokollen u. s. w. Welchen Bildungswert sie aber überhaupt dem Deutschen, deutscher Litteratur und deutscher Wissenschaft beimassen, geht am deutlichsten hervor aus ihren Ansichten über

Die alten Sprachen. „Ob die deutsche Sprache zur Bildung genügt? Wie die Dinge heute liegen, kann sich einer eine weitgehende Bekanntschaft in vielen Wissenszweigen verschaffen. Er

---

[1]) Vergl. Arnoldt II, 118 f. [2]) Körte II, 153. [3]) 49 f. [4]) 194. [5]) 50 ff.
[6]) Bei Arnoldt 112.

kann Mathematik und Geschichte beherrschen, er kann in der Philosophie gut bewandert sein, ohne Latein gelernt zu haben. Ja er kann sogar viel gebildeter sein, als manche, die eine Menge lateinischer Worte zu reden verstehen — man frage nicht wie? — und die sich deshalb schon für Gelehrte halten. In unseren Bibliotheken kommen 20 lateinische Bücher auf ein französisches, und auf ein deutsches gewiss 100; man schöpft aus den lateinischen, weil man glaubt, deshalb gebildeter zu sein, als andere. Aber die lateinische Sprache ist durchaus nicht allen Studierenden notwendig, vornehmlich denen nicht, die Französisch verstehen. Also, es kann einer auch ohne Kenntnis des Lateinischen sehr wohl ein wissenschaftlich gebildeter Mann sein, unsere Zeit pflegt ihn bloss nicht so zu nennen"[1]). — Man wird in dem Verfasser dieser Zeilen schwerlich unsern Gesner vermutet haben. Ja nirgends kommt es so deutlich als hier, in dem Kapitel über die alten Sprachen, zu Tage, wie sehr er allezeit aufs Praktische und Nützliche bedacht, und wie er „ein durchaus moderner und zeitgemässer Mann war". Und durch wen war er das geworden? Ohne alle Frage durch Thomasius. Hatte doch von diesem schon das Latein die heftigsten Angriffe erfahren! Gesners Wunsch ist also, das folgt besonders aus dem zuletzt von ihm angeführten Satze, dass seine Zeit endlich ihr verkehrtes Bildungsideal aufgebe, sich von dem Wahne befreien lasse, als ob der Verzicht auf die alten Sprachen gleichbedeutend sei mit dem Aufgeben jeglicher Bildung überhaupt. Wie der gereifte Mann, so schon der Vierundzwanzigjährige: Instit. 40. Wenn sich nun schon ein so hervorragender Gelehrter, wie Gesner, gegen die übertriebene Autorität der lateinischen Sprache erklärt, was Wunder, wenn es die Philanthropinisten gleichfalls thun? Und trotzdem hat Gesner so viel lateinisch geschrieben, hat lateinische Autoren herausgegeben, lateinische Grammatiken verbessert, sich sogar gerühmt, dass er das Griechische nach langer Zeit zu neuer Blüte erweckt habe? — Wer diesen Einwand macht, übersieht, dass Gesner sich gar nicht gegen das Lateinische und Griechisch überhaupt wendet. „Freilich", fährt er nach dem oben abgebrochenen Citate fort, „wer es zu einem sogenannten Gelehrten von Profession bringen, wer höhere wissen-

---

[1]) 90.

schaftliche Aufgaben lösen will, der muss Lateinisch und Griechisch können, der muss die Alten im Original verstehen. Aber ein Gelehrter will und soll eben nicht jeder werden, darum ist ein gemeiner Fehler der meisten Schulen unserer Zeit[1]), dass man in denselben von allen jungen Leuten durch die Bank ein vollkommenes Vermögen in der lateinischen Sprache fordert. Daher kommt es dann, dass die alten Sprachen aus der Verachtung und dem Missbrauche nicht herauskommen, und dass sich Leute dem Studieren zuwenden, die oft gar keinen anderen Beruf, als die Liebe zum Müssiggang oder den Hochmut haben." — Nicht anders urteilt Heyne: „Der Mönchsunterricht, der noch zu den Zeiten Neanders und Melanchthons seine Herrschaft behauptete, muss nicht mehr im achtzehnten Jahrhundert als Muster gepriesen werden, seitdem die Humaniora um so vieles aufgeklärter geworden und zu der Gelehrsamkeit mehr als Latein und Griechisch erfordert wird. Die Menge von lateinischen Schulen veranlasst zum grossen Teil den Zufluss von so vielen untauglichen Studierenden, die zum grössten Nachteil für sich selbst, für den Staat, für den gelehrten Stand und für die Gelehrsamkeit den bürgerlichen Ständen entzogen werden. Unseligerweise ist Latein der Hauptunterricht, und freilich, wer Latein gelernt hat, hält sich für eine bürgerliche Profession zu gut"[2]). — Wolf endlich gebietet: „Wer nicht Gelehrter werden will, darf nicht mit den alten Sprachen beschäftigt werden, denn eine oberflächliche Kenntnis taugt gar nichts[3])". — Und was fordern die Philanthropinisten? Nicht Beseitigung des Lateins überhaupt, wie man wohl gesagt hat. Verlangt doch Basedow — im schärfsten Gegensatz zu Rousseau! — dass vom achten bis zum vollendeten zwölften Jahre der „Sachunterricht in der lateinischen Sprache" die Hälfte der gesamten Lernzeit, von da bis zum Ende des Schulunterrichtes überhaupt mit Deutsch und Französisch gleiche Zeitteile erhalte.[4]) Was die Philanthropinisten verurteilen, ist, „dass das Studium der alten Sprachen ein so allgemeiner Gegenstand des Unterrichts bleibe, als er bisher gewesen, und dass alle übrigen Studien diesem als Nebenzwecke untergeordnet seien[5])". Bei den späteren Philanthropinisten — man

---

[1]) Bedenken 355. [2]) Nachricht: 15 ff. [3]) Vergl. Arnoldt II, 53.
[4]) Meth. B. 194. [5]) Trapp, A. R. VII, 311.

vergleiche hier namentlich die einschlägigen Abhandlungen in den letzten Jahrgängen des Braunschweigischen Journals — schimmert allerdings hier und da der Gedanke durch, dass die Zeit nicht mehr fern sei, „wo die modernen Völker der fortdauernden Einwirkung der antiken Welt werden entraten und die Bildung ihrer Jugend (auch der künftigen Gelehrten) aus eigenen Mitteln beschaffen können[1]", aber auf die sogenannten grossen Philanthropinisten, Basedow, Trapp u. s. w., trifft das kaum schon in seinem ganzen Umfange zu. Dass das Latein „gemeinnützig" (d. h. zu einer besseren Bildung notwendig) sei, steht ihnen zwar nicht unbedingt fest, wohl aber, dass ein Gelehrter ohne Kenntnis des Lateins immer nur ein Halbgelehrter bleibt. Auf philanthropinistischer wie humanistischer Seite stimmt man also überein: Nicht für jeden Latein, sondern nur für den künftigen Studierenden! —

Besteht nun etwa eine solche Gleichheit der Ansichten auch hinsichtlich der Behandlung der Alten, hinsichtlich des Betriebs des Lateinischen? Hier muss etwas weiter ausgeholt werden. Denn ohne ungerecht zu sein, muss man sagen: Wie einst im 16. Jahrhundert, so sah man auch zu Anfang des 18. den Hauptzweck des Lateins noch immer in der Imitation der Alten. Weniger bekümmert um das, was diese uns in ihren Schriften Schätzenswertes an Welt- und Kulturgeschichte, an Philosophie und Moral überliefert haben, strebte man vor allem darnach, es möglichst weit in der Eloquenz zu bringen, suchte man sich aus Cicero und Ovid eine möglichst grosse Menge von Phrasen anzueignen, um aus ihnen lateinische Reden und Gedichte zusammenzuflicken, die man dann bei irgend einer passenden oder unpassenden Gelegenheit in öffentlicher Rede zum besten gab[*]. Mit diesem Unwesen hat Gesner aufgeräumt, und er ist der erste gewesen, der das konsequent und mit nennenswertem Erfolge gethan hat. Was er Neues bringt, fasst er in die Worte zusammen: verborum disciplina a rerum cognitione nunquam separanda[2]), ein Satz, der sich durch seine gesamte Unterrichtslehre hindurch verfolgen lässt und der namentlich auf dem Gebiete des altsprach-

---

[*] Weiteres hierüber bei Paulsen I, 584 ff.
[1] Paulsen II, 49.   [2] 62 f.

lichen Unterrichts von grösster Bedeutung ist. Worterkenntnis und Sacherkenntnis sind also nicht voneinander zu trennen, und die letztere ist die wichtigere (denn es heisst nicht rerum cognitio a verborum disciplina etc.). Hatte man früher das Latein fast nur um seiner selbst willen, als Selbstzweck betrieben, so wird es jetzt Mittel zum Zweck. Hatte man früher die Schäden des Schulwesens zu heilen gehofft, indem man neben Latein die neueren Sprachen und die naturwissenschaftlichen Fächer in die Lehrpläne aufnahm, so griff jetzt Gesner das Übel an der Wurzel, das Latein selbst an. Darin besteht unstreitig sein Hauptverdienst, denn damit öffnete er einer neuen Zeit in der Gymnasialpädagogik Thor und Thür. Der Gedanke, dass die Lektüre der Alten der Sacherkenntnis dienen müsse, kehrt denn auch nach Gesner überall wieder. So verlangt Heyne, dass die gelehrten Sprachen „nicht bloss als Sprachen, sondern mit ihnen zugleich Sachen begriffen und die gemeinen Kenntnisse, die unser erstes Nachdenken erwecken und schärfen können, beigebracht werden[1]". Und Wolf antwortet auf die Frage: „Ob die Sacherkenntnis der Spracherkenntnis vorausgehen solle? — Nein, aber wohl beides zusammen; durch die Sprachen kriegen sie Sachkenntnisse. Überhaupt, lange nicht diejenigen Sachkenntnisse, die mehr den Kopf mit Kenntnissen ausfüllen, als human ausbilden[2]". Dass schliesslich auch Basedow einen „Sachunterricht in der lateinischen Sprache" wünscht, wurde bereits erwähnt und wird ausserdem bestätigt durch die Worte aus dem Methodenbuch[3]: „Die Sprachen sind nur ein Mittel, nicht der höchste Zweck des Studiums, alles muss auf Sachkenntnis abzielen."

Sind aber die alten Sprachen nur Mittel, so fragt man sich unwillkürlich: „Wäre es dann nicht schön, wenn wir dieses Mittels ganz entbehren könnten?" Ohne Bedenken antwortet Gesner darauf mit einem Ja. „Wie gut waren doch in dieser Beziehung die Griechen daran!" ruft er schon in den Institutiones[4] aus. „Die Sprache, die zu ihrer Zeit die gesamte gelehrte Bildung umfasste, sogen sie gleich mit der Muttermilch ein. Die kostbare Zeit, die wir heute auf die Erlernung der Sprachen verwenden, konnten sie von vornherein für die Erwerbung von

---

[1] Nachricht 16. [2] 50. [3] 260. [4] 40.

Sachkenntnissen ausnützen. Daher kommt es auch, dass die Griechen so viele gelehrte Männer hervorgebracht haben, wie kein anderes Volk vor oder nach ihnen." — Wenn darum Trapp[1]) sagt: „Die Erlernung fremder Sprachen ist eins der grössten unter den Übeln, die die Schulen drücken; das Latein thut den meisten Schaden, nicht sowohl durch sich selbst, als durch die Art, wie es erlernt wird", so drückt er nur mit anderen und vielleicht etwas stärkeren Worten aus, was auch die Grundüberzeugung Gesners ist. In derselben Erkenntnis hatte sich ja schon Leibniz lebenslang mit der Erfindung einer Universalsprache abgemüht! Selbst bei Wolf klingt dieser Gedanke noch manchmal an, so z. B. wenn er sagt: „Haben vielleicht unsere Zeiten gefälligere Lehrweisen erfunden, so wird sich dadurch der Wert des Mittels (d. h. der Sprachen) beträchtlich erhöhen." Daneben überwiegt freilich bei ihm die Auffassung, dass das Studium der alten Sprache auch als solcher schön und interessant ist. — Und Heyne? Es mutet einen seltsam an, wenn man den weit über Deutschland hinaus berühmten Philologen und Altertumsforscher sagen hört: „Auf dem Fusse, auf welchem unsere Gelehrsamkeit einmal steht, da unsere Religion sich auf heilige Bücher, die in toten Sprachen geschrieben sind, und auf ihren rechten Verstand, auf gesunde Auslegung gründet; da selbst unsere Rechtsgelehrtheit der Kenntnis und des Gebrauchs fremder Rechte, die in einer gelehrten Sprache abgefasst sind, nicht entbehren kann u. s. w., solange dieses alles sich also verhält, so lässt sich das gelehrte Studium kaum anders als mit der Erlernung der toten Sprachen anfangen"[2]). Der Sinn dieser Worte liegt klar zu Tage: Am besten wär's schon, wir brauchten Latein und Griechisch überhaupt nicht zu lernen; da wir nun aber einmal auf dieses notwendige Übel angewiesen sind, so müssen wir wenigsten trachten, ihm die besten Seiten abzugewinnen: „Man muss nur die Sache so fassen, dass die gelehrten Sprachen nicht bloss als Sprachen, sondern mit ihnen zugleich Sachen begriffen werden, und dass recht vorgetragene und recht gefasste Grammatik regelmässiger, gelehrter Sprachen zugleich Vorschmack der Logik ist"; und so gelangt er schliesslich dahin, dass das Studium der gelehrten

---

[1]) 420 f.   [2]) Nachricht 15 f.

Sprachen auch für Nichtstudierende nicht ganz unnütz sei. Vor Heyne hatte schon Gesner die Grammatik „eine Art und einen Teil der Philosophie"[1]) genannt und in der Schulordnung[2]) gesagt: „Wer die Alten nach vorgeschriebener Art lieset, bekommt geübte Sinne, das Wahre von dem Falschen u. s. w. zu unterscheiden, und hat den grössten Teil dessen schon in der Ausübung gelernt, was ihm in einem guten compendio philosophiae gesagt werden kann". Ganz ebenso sagt Wolf: „Die philosophische Erlernung einer nicht ganz unphilosophischen Sprache bildet den Geist und giebt ihm die rechte Richtung"[3]). Auch bei den Philanthropinisten fehlt diese Anschauung vom Bildungswerte fremder Sprachen als solcher nicht ganz[4]), aber sie tritt im allgemeinen doch zurück hinter diejenige, dass die Erlernung fremder Sprachen eben nur eine tote Last ist.

Sind die Sprachen nur ein Mittel und ein notwendiges Übel, so muss der Zeitverlust, den ihre Erlernung kostet, so viel als möglich beschränkt werden. Auf diese Weise gewinnt der Satz verborum disciplina etc. bei Gesner Einfluss zweitens auch auf die Methode der Spracherlernung. Wenn Sach- und Sprachkenntnis nicht getrennt werden dürfen, so muss die letztere auch mit der ersteren beginnen, d. h. sie muss so zeitig als möglich, in den ersten Kinderjahren, kurz mit der Muttersprache zusammen in Angriff genommen werden[5]). Denn erstens ist der ganze geistige und körperliche Organismus des Menschen in dieser Zeit zum Lernen überhaupt am geeignetsten, und dann würde ein Kind z. B. von deutschen Eltern viel weniger Germanismen sich aneignen, als in späteren Jahren. Die Muttersprache könnte ohne grosse Mühe später schnell nachgelernt werden, denn das Kind befindet sich stets unter Leuten, die dieselbe sprechen*). — Wie denkt sich nun Gesner diesen Lateinunterricht vor dem schulpflichtigen Alter? „Ehe die Kinder noch lesen können, kann man schon anfangen, ihnen allerhand latei-

---

*) Es wird uns erzählt, dass Gesners kleiner dreijähriger Sohn Carl (nachmals in Dresden Leibarzt Augusts III.) frühmorgens zum Vater ins Bett geklettert sei mit der Bitte: „Narra mihi aliquid, patercule!"
[1]) Kl. d. Schn. 301 f. [2]) 125. [3]) 109. [4]) Meth. B. 220. Braunschw. Journ. 1791 XI, 338 ff. [5]) 102 ff. 175 ff. 87.

nische Wörter und Formeln vorzusagen. Man kann ihnen die biblischen Historien erzählen, man kann ihnen leichte Fabeln vorsagen und bei dieser Gelegenheit auch die vornehmsten Wörter und Aussprüche lateinisch beibringen; wenn ein Lehrer dabei munter und freundlich ist, wird er ungemein viel ausrichten können. Ein Kind von vier bis fünf Jahren wird keine Mühe haben, vom blossen Vorsagen zu lernen, „der Kopf thut mir weh", heisse caput mihi dolet; „ich habe mich in den Finger geschnitten" vulneravi digitum; vulpes abstulit corvo caseum etc.[1]). Diese Methode soll auch in der Schule beibehalten werden. „Sobald die Kinder deutsch lesen können, wird ihnen auch das Lateinische gezeigt und zu dieser Übung das gegenwärtige Schulbuch gebraucht. Der liber memorialis, die tirocinia und colloquia geben Gelegenheit genug. Diese dienen nicht nur, die Fertigkeit im Lesen zu erlangen, sondern auch etwas von der Sprache selbst zu lernen. Denn man kann diese Stücke kühnlich von Wort zu Wort, soweit es thunlich, oder, wo das nicht angeht, nach dem es die beiden Sprachen leiden, übersetzen und die Kinder nachsagen lassen, ehe sie noch etwas von der Grammatik wissen. Wenn nun schon ein ziemlicher Vorrat von Wörtern gesammelt und die Ohren an die lateinischen Endungen allbereits gewöhnt sind, so fängt man die grammatikalische Erkenntnis damit an, dass man die Kinder belehrt, was die Wörter singularis, pluralis, nominativus etc. zu bedeuten haben." Sein Grundsatz ist also: „Lernet fremde Sprachen so wie eure Muttersprache!" Darum wäre es am besten, meint er[2]), wenn man den, der in einer Sprache unterwiesen werden soll, von keiner Sprache nichts hören liesse, als die er eben lernen solle. Von hier aus versteigt er sich sogar einmal zu der Klage, dass man im Gegensatz zu früheren Zeiten jetzt eher zu viel deutsch spräche[3]); in den Gymnasien sollte man eben, sobald das Latein einmal begonnen hat, auch jede Minute auf seine Erlernung verwenden. Über nichts konnte sich Gesner jedenfalls mehr aufregen, als wenn man Knaben das Latein aus der Grammatik lehren wollte und sie zu diesem Zwecke mit Regeln und Vokabellernen traktierte. Erst wenn der Lernende weiter vorgeschritten ist, soll

---

[1]) Kl. d. Schrn. 271 ff. [2]) Kl. d. Schrn. 335 f. [3]) 86.

sie zu ihrem Rechte kommen[1]). — Auf Gesners Isagoge sich berufend, „wo schöne Gedanken zu finden sind", entscheidet Wolf die Frage, „ob die Routine oder die Grammatik den Anfang im Lateinischen machen solle", dahin: „Es kommt auf die Subjekte an; die Grammatik kann bei denen anfangen, die die deutsche Grammatik innehaben. Aber im allgemeinen ist der andere Weg zu befolgen"[2]). Dies bestätigend erzählt uns Körte[3]) von Reiz und Wolf, dass beide „darin vollkommen einverstanden waren, dass der Anfänger in Sprachen so früh und so unablässig als möglich zu eigener Übung und zum Gebrauche der alten Autoren selbst angehalten werde; ja sie widerrieten sogar auch dem Geübteren das absichtliche, ununterbrochene Lesen grammatischer Werke". — Leider erfahren wir nichts darüber, wie nach Heyne das Lateinische gelernt werden soll, da in Ilfeld die Elementarkenntnisse bereits vorausgesetzt wurden, und die Ordnung der Stadtschule zu Göttingen sich in ganz allgemeinen Referaten hält.
— Niemand aber hat Gesner in seinem Kampfe gegen die Grammatik treulicher unterstützt, als die Philanthropinisten. Hier unterschreiben sie jeden Satz, jedes Wort von ihm. Es wäre völlig überflüssig, auch nur ein Wort weiter darüber zu verlieren; Berufungen und Lobeserhebungen auf Gesner kann man fast auf jeder Seite der betreffenden Aufsätze finden. Vor allem vergleiche man aber die sehr eingehende und für die ganze Didaktik überhaupt äusserst lehrreiche Abhandlung „Gesner ein Vorgänger derer, die Anfänger das Latein ohne Grammatik lehren wollen" von einem ungenannten Verfasser in dem „Philanthrop. Journal".

Sind die Sprachen nur Mittel zur Sacherkenntnis, dann muss nicht nur ihre Erlernung thunlichst erleichtert, sondern auch ihre Handhabung selber dementsprechend eingerichtet werden. So wird der Satz verborum disciplina etc. drittens auch bestimmend für die Lektüre. Die Interpretation der Schriftsteller hat sich nicht bei sprachlichen Einzelheiten aufzuhalten, sondern in erster Linie nur auf den Inhalt zu sehen, d. h. es muss möglichst viel gelesen werden. Gesner erfand dafür die Bezeichnung: „kursorische Lektüre" im Gegensatz zu der bisher üblichen, langsam

---

[1]) Kl. d. Schrn. 294 ff. 309 ff. 315 ff. [2]) 65. [3]) I, 136.

vorwärtsschreitenden „statarischen"[1]). Ernesti schreibt der letzteren den stupor paedagogicus, „Schuldummheit" oder „Dummschulung" zu und entscheidet sich natürlich ebenfalls für die erstere. Bei Heyne und Wolf ist eine lebendige flotte Lektüre als das Wichtigste im altsprachlichen Unterrichte durchaus Voraussetzung. Insbesondere war Wolf[2]) „der Meinung, es müsse bei Lesung der Klassiker ein Ganzes absolviert werden, damit die Schüler Übersicht eines Ganzen der geschichtlichen Darstellung, eines Epos, eines Drama gewönnen, und wenn man das Ganze nicht zu absolvieren vermöge, „so mag man ihnen", fügte er im heiligen Eifer hinzu, „eine geschickte Übersetzung in die Hand geben: da habt Ihr das Ganze, nun lest und urteilt!" Trapp[3]) endlich sagt: „Man muss bei der Übungsmethode die lateinischen Bücher mit den Kindern so lesen, wie man deutsche Bücher mit ihnen liest, und keine Rücksicht auf Grammaticalia nehmen." Diese letzte Forderung würden freilich die Neuhumanisten, selbst Gesner, nicht unterschrieben haben. Es macht sich hier wieder bemerkbar, was schon oben gesagt wurde: Für die Philanthropinisten sind die fremden Sprachen eben nur Mittel zum Zweck. Darin besteht ein wesentlicher, ja vielleicht der wesentlichste Unterschied zwischen Gesner und den Philanthropinisten, und daraus erklärt sich schliesslich auch die abweichende Stellung der letzteren zum Griechischen.

Nach der übereinstimmenden Ansicht der Neuhumanisten ist das Altertum eine in sich geschlossene Welt, das Griechische folglich vom Lateinischen untrennbar und also für den Philosophen, Juristen und Mediziner ebenso wissenswert, wie für den Theologen. Und weil das Griechische ungleich älter und schöner ist, als das Lateinische, so sollte billigerweise auch mit ihm der Anfang in der Erlernung gemacht werden[4]). Leider ist das nicht durchführbar, nicht sowohl, weil der Übergang zu den neueren Sprachen von der griechischen aus schwerer ist, als von der lateinischen, sondern vor allem, weil es bei der gründlichen Erlernung einer fremden Sprache ohne schriftliche Übungen nun einmal nicht abgeht, das Griechische zu schreiben sich aber

---

[1]) 64 f. [2]) 118. [3]) A. R. XI, 434 ff. [4]) Gesner: Is. 140. Sch.-O. 113 ff. Wolf: Cons. 50. 110 ff.

nicht lernen lässt. — Für diese Auffassung von der Einheit des griechisch-römischen Altertums fehlt es nun den Philanthropinisten nicht ganz an Verständnis; manche gelegentliche Äusserungen lassen sich wenigstens dahin deuten. Noch weniger mangelt ihnen der Sinn für das Griechische allein; Basedow steht nicht an, die griechische Sprache wegen ihrer Beschaffenheit und ihres Reichtums an vortrefflichen Schriften ohne Zweifel für die vorzüglichste unter allen zu erklären [1], und Trapp sagt: „Englisch und Griechisch fangen so sehr an, Mode zu werden, und vergüten die Mühe des Lernens so reichlich, dass ein Pädagoge, wenn er Zeit und Lust hat, diese beiden Sprachen lernen kann [2]. Ist aber das Griechische die vorzüglichste aller Sprachen, und lohnt es die Mühe des Lernens so reichlich, so muss es wohl auch nützlich sein. So weit also gehen beide Parteien zusammen, erst von hier an trennen sie sich. Denn, wenn nun die Humanisten sagen: „Darum lehren wir das Griechische, weil es eben allen Studierenden nützt und den Theologen sogar unentbehrlich ist", so entgegnen die Philanthropinisten; „Nützlich ist vieles; der Unterricht hat aber zunächst auf das zu sehen, was notwendig ist [3]. Das Griechische ist nur den künftigen Theologen [4], also nur einer Minorität unter den Schülern notwendig [5]. Soll sich die Majorität nach der Minorität richten, und dieser zuliebe etwas mühsam mitlernen, was sie später nicht verwerten kann? Gewiss nicht. Darum mögen die Theologen, und wer sonst Lust und Liebe zum Griechischen hat, dieses in Privatstunden lernen" [5]. Im Grunde entspringt also die Verschiedenheit der Meinungen nicht aus der Frage nach der Schönheit oder Nützlichkeit, — diese werden auch von den Philanthropinisten anerkannt — sondern aus der Frage nach der Notwendigkeit des Griechischen, und hier waren die Philanthropinisten wohl ohne Zweifel die konsequenteren.

Überblicken wir nun noch einmal die beiderseitigen Ansichten über die alten Sprachen, so ist die Sachlage folgende: Philanthropinisten und Neuhumanisten sind darin einig, dass 1. die Erlernung der alten Sprachen ein Übel, aber 2. ein notwendiges Übel ist,

---

[1] Meth. B. 218. [2] 474. [3] Trapp 323 ff. [4] Meth. B. 218. [5] Ebenso Wolf, Cons. 103.

und zwar 3., hinsichtlich des Lateinischen für alle Studierenden, hinsichtlich des Griechischen nur für die Theologen; dass darum 4. die Erlernung möglichst erleichtert werden, 5., die Lektüre nur der Sachkenntnis dienen und darum 6. cursorisch sein müsse. Nicht einig dagegen ist man 1. in Rücksicht auf den Bildungswert fremder Sprachen als solcher; die Philanthropinisten leugnen ihn nicht ganz, aber die Neuhumanisten betonen ihn stärker; eben darum gehen 2. die Ansichten auseinander in der Behandlung des Griechischen: die Philanthropinisten, sich streng an den Begriff des Notwendigen haltend, verweisen es als nur den Theologen notwendig aus dem allgemeinen Unterrichte in den besonderen; die Humanisten behalten es als für alle Studierende nützlich im allgemeinen Unterrichte bei. — Wie sehr indessen dieser Unterschied — (von einem Gegensatze kann man schwerlich reden) — in praxi verschwand, geht daraus hervor, dass einerseits bei den Neuhumanisten das Griechische keineswegs ein obligatorisches Unterrichtsfach war — auch in Ilfeld konnte ohne weiteres davon dispensiert werden, und selbst Wolf unterscheidet noch zwischen Griechen und Nichtgriechen in seinem Stundenplane [1]) — und dass andererseits die Philanthropinisten es ebenfalls gelehrt haben.

Die neueren Sprachen sah Gesner durchaus nicht gering an, wie das schon aus seinem oben angeführten Ausspruche [2]) hervorgeht, wonach das Lateinische besonders denen nicht unbedingt nötig sei, die sich aufs Französische verstünden; das letztere ist ihm also gewissermassen ein Ersatz für das Lateinische. In der Isagoge [3]) weist er auf die hervorragende kulturgeschichtliche Rolle hin, die Frankreich zu allen Zeiten, von der Eroberung durch die Römer und den grossen Kirchenschriftstellern an, und namentlich unter Ludwig XIV., gespielt habe, und kommt zu dem Schluss, dass, da die Franzosen dem übrigen Europa in Tugenden wie Untugenden das seien, was die Griechen den Römern waren, ihre Sprache zu kennen für einen jeden nur einigermassen Gebildeten schlechterdings unerlässlich sei, eher könne er das Lateinische entbehren. Wer hörte hier nicht wieder den modernen

---

[1]) Arnoldt S. 112/113. Vergl. auch Cons. 170: „Neu Testament (unterdes Naturbeschreibung)" nämlich für die Nichtgriechen. Ferner Cons. 103. 107. [2]) Is. 112. [3]) 172.

Mann? In dem Bedenken und in der Schulordnung wird der Unterricht im Französischen zu den lectiones privatissimae gezählt und von „besonderen maîtres" erteilt.

Nach Ernesti soll auf den drei Fürstenschulen „in der ersten und anderen Klasse auch zur französischen, und nach Gelegenheit anderen neueren Sprachen Anleitung gegeben werden[1])". Für die lateinischen Stadtschulen wird nichts dem Ähnliches bestimmt; dort scheinen die neueren Sprachen ganz dem Ermessen der Eltern anheimgestellt worden zu sein. — Dasselbe gilt von Ilfeld; für das Französische, Italienische und Englische wurden besondere Lehrer unterhalten. — Wolf war persönlich „Roms Tochter- und Stieftochtersprachen" und namentlich allem, was französisch hiess, schon aus patriotischen Gründen nicht gerade hold*); dennoch räumte er im Stundenplane für das Joachimsthalsche Gymnasium „der heutigen Universalsprache Europas" für jede Klasse zwei, in II sogar drei Stunden ein, in I stand das Französische mit dem Englischen und Italienischen zur Wahl.

Etwas anders die Philanthropinisten. War schon Gesner ein moderner Mann gewesen, sie waren es natürlich noch mehr. Was Wunder darum, wenn sie den neueren Sprachen und im besonderen dem Französischen die grössten Vorrechte einräumten! Lebten sie doch in einer Zeit, wo in allem, was Sitte und Geschmack hiess, Deutschland nur eine Provinz Frankreichs war! Vom beginnenden siebenten bis zum vollendeten achten Jahre will darum Basedow dem Französischen zweimal so viel Zeit als dem Deutschen, vom neunten bis zwölften ein Viertel, und vom dreizehnten bis fünfzehnten ein Drittel aller Lernzeit zur Verfügung stellen [2]). Bei den späteren Philanthropinisten hören wir nur wenig von den neueren Sprachen, wo sie von fremden Sprachen reden, haben sie hauptsächlich die alten im Auge. Betreffs der Methode des französischen Unterrichtes gilt mit einigen Abschwächungen das bereits beim Lateinischen und Griechischen Gesagte. — Das Englische bleibt bei Philanthropinisten wie Humanisten im Hintergrunde, noch mehr das Italienische. Beide Sprachen, so ist die gemeinsame Überzeugung, sind zwar für den-

---
*) „Odi Gallorum complimenta, quae quasi complementa sermonum sunt", pflegte er zu sagen (Arnoldt II, 264 Anm.)
[1]) Sch.-O. V, 36. [2]) Meth. B. 242.

jenigen, der die englischen Naturforscher oder die italienischen Dichter näher kennen lernen will, empfehlenswert und auch nicht schwer zu lernen, aber zu einer besseren Bildung sonst wohl entbehrlich.

Geschichte. Zeiten des Eklekticismus haben — das liegt in der Natur der Sache — stets eine Vorliebe für geschichtliche Studien. Erwägt man dies zum voraus, so wird man schon ungefähr erraten können, was unsere Pädagogen von der Geschichte als Unterrichtsstoff halten mögen. „Die historische Erkenntnis der Dinge", sagt Gesner[1]), „welche ausser uns vorgehen und auf irgend eine Art unsere Sinne rühren, ist ohne Zweifel der Anfang aller anderen Wissenschaften, ist der Grund aller anderen Vorzüge des menschlichen Verstandes". Weiterhin dann nennt er die Geschichte mit Diodor von Sicilien die Mutterstadt der Philosophie, die in allen Gebieten Kolonien hat. Ohne Bild heisst das: die Geschichte ist das Centrum aller Wissenschaft, auf sie muss alles hingerichtet sein; sie zu bereichern, zu verherrlichen, muss das Streben jeder Einzeldisciplin sein. Dabei ist nicht, wie man von dem Altphilologen Gesner vielleicht erwarten könnte, die neuere Geschichte hintanzusetzen; im Gegenteil. „Es ist zwar eine Art der Kindheit, es ist die Mutter der Barbarei, wenn man nicht weiss, was vor unseren Zeiten geschehen ist, allein es wäre nicht weniger lächerlich, wenn man die Vorfahren des Romulus an den Fingern herzählen könnte, und von den Regenten seines Vaterlandes nichts zu sagen wüsste. Vielmehr muss man gestehen, dass dasjenige, was zu unseren Zeiten und sozusagen vor unseren Augen geschieht, uns kräftiger rührt und also eine lebhaftere und wirksamere Erkenntnis veranlasst. Es ist darum denen, welche sich und anderen raten wollen, daran gelegen, die alte und neue Historie miteinander zu verbinden"[2]). Angesichts dieser Worte erfahren wir nun freilich eine um so ärgere Enttäuschung, wenn wir in die Schulordnung blicken und da wohl einen langen Abschnitt über Historie finden, aus ihm aber nur erfahren, wie die griechischen und römischen Schriftsteller für die Geschichte fruchtbar gemacht werden sollen. Für diesen Widerspruch zwischen Theorie und Praxis giebt es nur eine Erklärung: Nach Gesner soll der geschichtliche Unterricht

---

[1]) Kl. d. Schrn. 138 ff. [2]) a. a. O

auf dem Gymnasium, wie Wolf es später nennt, nur einen „propädeutischen" Charakter tragen, d. h. er soll den Schüler nur in das Studium der Geschichte einführen, ihn zu späterem selbständigen Weiterarbeiten anleiten [1]). Für diesen Zweck ist die alte Geschichte um so geeigneter, als der Schüler ja im altsprachlichen Unterrichte die Quellenwerke unmittelbar vor sich hat, ausserdem hat „in Ansehung der bürgerlichen Geschichten und der daraus entstehenden Klugheit die alte Historie den Vorzug, dass die Neigungen und Begierden, welche die Erkenntnis der Wahrheit zu hindern pflegen, und von welchen wir uns in dem, was unseren Zeiten näher ist, nicht so leicht losmachen können, dorten aufzuhören scheinen*)". Das Mittelalter und die Neuzeit sollen — ich möchte sagen, eben weil sie besonders wichtig erscheinen — für das Universitätsstudium aufgespart bleiben. Dass Gesner diese Auffassung von dem Geschichtsunterrichte in den Schulen gehabt hat, wird durch untrügliche Zeichen der Isagoge gestützt, ganz besonders dadurch, dass er die Geschichte gar nicht als Universalgeschichte, (allgem. Weltgeschichte), sondern als Fundamentalgeschichte angesehen wissen will [2]). — Dieser Unterscheidung schliesst sich Wolf an [3]); auch nach ihm soll, wie aller Unterricht überhaupt, so insbesondere der geschichtliche, nur einen elementaren Charakter haben, sein Zweck soll ein vorwiegend pädagogischer sein, „die Teilnahme an den wichtigsten Angelegenheiten des Menschen aufzuregen, den Sinn für das Grosse zu schärfen und zur Nachahmung vorgehaltener Muster zu reizen [4])"; auch er pflegt auf der Schule hauptsächlich die Geschichte Griechenlands und Roms, weil er diese als typisch für die Methode des Geschichtsunterrichts im allgemeinen betrachtet. Allerdings spielt bei dieser Bevorzugung des Altertums seine persönliche Vorliebe für dasselbe stark mit. Demungeachtet soll die „neue Geschichte nicht ganz versäumt" werden [5]). Am unsympathischsten ist ihm das Mittelalter; die Zeit der Völkerwanderung nennt er, weil in ihr so viele Kunstschätze des Altertums zu Grunde gingen, „ein stupides Zeitalter voll Superstition und Albernheiten".

---

*) Ein Satz, dessen Sinn völlig zu ergründen schwer gelingt.
[1]) Vgl. auch Ernesti Sch.-O. a. VI, 1. [2]) 481. [3]) 136. — Stundenplan f. d. J. G. [4]) Arnoldt 290. Cons. 136. [5]) 139.

Eine besondere und eigentlich aus der Art schlagende Stellung nimmt Heyne ein. Es ergiebt sich damit eine Zusammenstellung, wie sie in dem bisherigen Verlaufe dieser Untersuchung noch nicht zu verzeichnen gewesen ist: Gesner, Ernesti, Wolf einerseits und Heyne mit den Philanthropinisten andrerseits. Auffallend ist bei Heyne fürs erste das Unterrichtsfach „Allgemeine Weltgeschichte". Er giebt also die Geschichte als Universalgeschichte. Dieselbe gehört nach seiner Ansicht unter die wichtigsten Vorkenntnisse und wird daher „mit einiger Ausführlichkeit vorgetragen [1]". In Ilfeld gehörten ihr wöchentlich drei Stunden, in der Göttingischen Stadtschule umfasste sie einen Lehrkursus von zwei Jahren. Was aber Heyne den Philanthropinisten so besonders nahe bringt, ist der Wert, den er auf die neuere Geschichte legt. Die allgemeine Weltgeschichte zerfällt nämlich nach der Göttinger Schulordnung [2] in zwei Teile: 1. alte und mittlere Geschichte — ohne Antiquitäten und Mythologie! — 2. neuere Geschichte, seit der Reformation. Die letztere bildet „eine für sich fortlaufende Lektion, die mit jedem Jahre geendigt wird". In der alten und mittleren Geschichte — bei der ein solcher Zusatz fehlt, und die also vermutlich nur alle zwei Jahre an die Reihe kam — werden „die Begebenheiten bloss im grossen mit Rücksicht ihrer Wichtigkeit für künftige Brauchbarkeit und Anwendung vorgetragen; minder wichtige Nationen nur summarisch abgehandelt". Zu der neueren Geschichte können auch solche zugelassen werden, welche für jene andere Lektion (d. h. für die alte und mittlere Geschichte) noch nicht vorbereitet sind, oder für welche sie nicht unter ihre Zwecke gerechnet werden kann". Schon in Ilfeld konnte übrigens „Geschichte des Vaterlandes oder eine deutsche Specialhistorie" in Privatstunden gehört werden. Eine solche Berücksichtigung geniesst die neuere Geschichte selbst bei den Philanthropinisten kaum.

Merkwürdigerweise hat man den Philanthropinisten oft genug fast alles Interesse für den Geschichtsunterricht abgesprochen, und auch Hahn[3] meint, in der Inusitata habe Basedow der Geschichte noch einen der ersten Plätze eingeräumt, aber nach und nach sei sie unter dem Einflusse Rousseaus zurück-

---

[1] Nachricht 48 f. [2] a. a. O. Sp. 834. [3] 94.

gedrängt worden. Die von ihm angeführten Sätze Basedows sind nicht durchschlagend; man muss sich bei Basedow an derartige Widersprüche gewöhnen und seine Aussagen über eine Sache mehr zählen als wägen. Wenn Basedow im Elementarwerke[1]) „die Grundbegriffe der Staatssachen, etwas aus der Universalhistorie, etwas vom Kirchenwesen der Christen, etwas aus der Mythologie, etwas von der Wappenkunde", einen Abschnitt über „Begriff und Zusammenhang der historischen Wissenschaften" u. s. w. behandelt und in dem übrigens auch von Hahn verwendeten Methodenbuche „ein Hilfsbuch der historischen und mit vielen Kupfertafeln erläuterten Welterkenntnis" wünscht, das sich auf „alles Historische, was allen gemeinnützig ist, erstrecke, auf Völkergeschichte, Erdbeschreibung, Genealogie, Mythologie und Altertümer", — so meine ich, ist das für die ersten 15 Jahre ein Unterrichtsstoff, der uns zeigt, dass die Geschichte auch bei dem späteren Basedow keine ganz unbedeutende Rolle spielt. — Von den übrigen Philanthropinisten weiss Bahrdt die Bedeutung des Geschichtsunterrichts für Herzens- und Charakterbildung wohl zu würdigen. Resewitz spricht von der Geschichte als von der „Lehrerin der menschlichen Klugheit". Trapp[2]) endlich sagt: „Auf den Schulen müssten meiner Meinung nach a) mehr die historischen Wissenschaften, als die meisten übrigen; b) die meisten übrigen Wissenschaften mehr historisch und populär als systematisch getrieben werden." Dabei denken die Philanthropinisten, wenn auch keineswegs ausschliesslich, so doch in erster Linie an die neuere Geschichte; natürlich, sie waren ja auch mehr für die neueren Sprachen eingetreten. — Die Verschiedenheit des Stoffes für die Geschichte ist nicht ohne Einfluss auf die Methode des Unterrichts. Bei den Humanisten lässt man die alte Geschichte „die Grundlage von aller Geschichte sein", also ist es (nach Wolf)[3]) „äusserst zweckwidrig mit der neueren Geschichte zu beginnen"; bei den Philanthropinisten legt man mehr Gewicht auf die moderne Geschichte, also „muss man nicht mit der alten, sondern mit der neuen, am besten mit der neuesten und gegenwärtigen Geschichte anfangen[4])". Infolgedessen legt man dort dem Geschichtsunterrichte einen Herodot und Livius

---

[1]) III, 150 Anm.　[2]) A. R. VIII, 39.　[3]) Arnoldt 282.　[4]) Trapp 375.

zu Grunde, hier — die Zeitungen. „Welche Gegensätze!" wird man sagen. Und doch sind es eigentlich nicht Gegensätze, sondern höchstens ein Gegensatz. Und auch dieser eine wird wieder durch eine Reihe der merkwürdigsten Übereinstimmungen gemildert. Auch die Basedowianer wollen eine eingehendere Beschäftigung mit der Geschichte der Universität vorbehalten[1]). Hüben wie drüben will man chronologisch verfahren, dort vorwärts, hier rückwärts; und doch thut mans auf keiner Seite genau, sondern geht immer sprungweise von einem wichtigen Zeitabschnitt auf den nächsten über. Auf beiden Seiten verfolgt man die Tendenz, nicht so sehr auf die interessanten Begebenheiten zu achten, als vielmehr an die hervorstechenden Persönlichkeiten sich zu halten und an ihnen den Geist der Zeit zu studieren. Hier wie dort betrachtet man genaue Zahlenangaben als überflüssigen Ballast, der füglich der Jugend erspart bleiben muss[*]). Hier wie dort dringt man darauf, stets den Synchronismus im Auge zu behalten; beiderseits empfiehlt man darum, dass nicht nur gedruckte synchronistische Tabellen (Hübner, Hübler, Schlözer, Schrader, Niemeyer) zu Grunde gelegt, sondern solche auch von den Schülern selbst angefertigt werden. Auf beiden Seiten endlich empfiehlt man endlich auch für den Unterricht historische Bilderbücher. Ausser diesen, wenn auch nicht gerade sehr charakteristischen, so doch immerhin nennenswerten Übereinstimmungen bestehen gerade zwischen Wolf und den späteren Philanthropinisten noch einige interessante Analogien, deren wichtigste vielleicht die ist, dass Wolf, der sich sonst ausdrücklich dagegen verwahrt, dass man die Geschichte von der Neuzeit aus rückwärts verfolge, dennoch dem Lehrer anrät, die leeren Zeittafeln durch die Schüler abschnittweise, und zwar „rückwärts" ausfüllen lasse, und dass er an einer anderen Stelle[2]) sagt, „man müsse aus der Gegenwart hinaufsteigen" oder „von uns rückwärts", d. h. man solle die Schüler fragen: „Seit wann hat man gedruckte Bücher? — Seit wann Feuergewehre? — Haben die Menschen immer die Pocken gehabt?"

---
[*]) El. W. III. 150 Anm. spricht nicht dagegen, wie Hahn (95) anzunehmen scheint; vergl. Meth. B. 463 ff.

[1]) Meth. B. 467. El. W. X—XII. Trapp A. R. VIII, 39 ff. [2]) 138 cf. Arnoldt II, 281.

So hat sich auch in diesem Abschnitte wieder au einer Reihe von interessanten Beispielen gezeigt, welche nahe Verwandtschaft zwischen den beiden pädagogischen Richtungen besteht. Der einzige wirklich nennenswerte Unterschied ist der, dass die Humanisten sich im allgemeinen mehr zum Altertum bekennen, während die Philanthropinisten mehr der neueren Zeit zuneigen. Ich setze zunächst bei den Humanisten hinzu, „im allgemeinen", denn es hat sich gezeigt, dass z. B. in der Geschichte Gesner und besonders Heyne durchaus moderne Männer sind; und ich sage von beiden Parteien „mehr" und nicht „ausschliesslich", denn die Neuhumanisten erkennen auch dem Französischen und Englischen ihr Recht zu, was die Althumanisten schwerlich würden gethan haben. Und ebenso ist es bei den Philanthropinisten; sie bekämpfen keineswegs das Altertum und im besondern das Latein an sich, nennen es vielmehr stets unmittelbar nach dem Deutschen und Französischen, und auch in der Geschichte verachten sie das Altertum nicht im geringsten, sondern wählen ihre Beispiele nur zu oft aus ihm. Ich kann mich des Eindrucks nicht erwehren, dass die Neuhumanisten das Altertum viel stärker betonen, als die Philanthropinisten die Neuzeit. Aus gewissen, namentlich älteren Darstellungen gewinnt es den Anschein, als seien die Philanthropinisten die reinen Revolutionäre gewesen, die mit allem, was mit dem Humanismus irgendwie zusammenhing, kurzer Hand hätten aufräumen wollen. Das ist ganz und gar nicht der Fall, auch sie stehen noch zu einem guten Teile unter dem Zeichen des Althumanismus. Wenn man Gedicke, der Basedows Verdienste in schwungvollen Dithyramben feiert und Mitarbeiter des Campeschen Revisionswerkes war, wenn man den mit zu den Neuhumanisten rechnet, dann könnte man mit gleichem Rechte auch die Philanthropinisten ihnen zuzählen, wenn — sie sich nicht eben selbst Philanthropinisten genannt hätten. — Nach alledem kann ich die Ansicht, dass die Philanthropinisten die Zeit nahe geglaubt hätten, wo der künftige Gelehrte auch ohne Kenntnis des Altertums werde auskommen können, nicht in ihrem ganzen Umfange teilen, sondern nur insoweit, als das Griechische dabei in Frage kommt. Das Lateinische hält Basedow den Schulen der gesitteten Stände ohne weiteres und noch vor der französischen Sprache für gemeinnützig, d. h. es ist unerlässlich für jeden, der sich eine etwas höhere Bildung aneignen, geschweige denn für einen, der studieren will.

b) Realien.

Geographie. Sie bildet am besten den Übergang, denn nach Ansicht der Neuhumanisten sowohl, als der Philanthropinisten ist sie nicht nur unentbehrlich zur allgemeinen Bildung, sondern als Hilfswissenschaft der Geschichte auch von dieser untrennbar. Auf beiden Seiten werden für den methodischen Betrieb des Unterrichts in der Geographie bestimmte Stunden festgesetzt (Gesner und Wolf wöchentlich 2), aber daneben dringt man noch darauf, dass jede Gelegenheit, die sich irgendwo bietet, sei es bei der Lektüre, sei es in der Geschichte, benutzt werde, um die geographischen Kenntnisse zu erweitern. Trapp und Wolf ziehen auch die aufkommende Statistik in den Bereich dieses Faches. Ein wesentlicher Unterschied besteht aber hinsichtlich der Methode; dieselbe ist bei den Philanthropinisten aufsteigend, bei den Neuhumanisten absteigend; jene machen den Anfang in der Geographie mit dem Grundriss einer Stube, einer Wohnung, einer Stadt, einer bekannten Gegend, um erst nach diesem die einzelnen Länder und Erdteile zu besprechen[1]); diese beginnen umgekehrt mit dem Allgemeinsten aus der physikalisch-mathematischen Geographie, um dann erst die politische zu besprechen[2]). Gegenüber dieser wenig empfehlenswerten Methode, die auf der Seite der Philanthropinisten nur in Bahrdt einen Vertreter hat, sind aber die Neuhumanisten wieder in einem Vorteil, wenn sie ihren Schülern möglichst zeitig stumme Karten in die Hände geben[3]), damit sie auf denselben die fehlenden Namen ausfüllen, eine Einrichtung, von der ich bei den Basedowianern nichts habe finden können. Hinsichtlich der Methode bin ich übrigens nicht abgeneigt, einen Einfluss Rousseaus zuzugeben; in seiner Dissertation geht Basedow, ebenso wie Gesner, den Weg vom Allgemeinen zum Besonderen, später vertritt er, wie gesagt, die entgegengesetzte Ansicht.

---

[1]) El. W. III, 149. [2]) Gesner: Sch.-O. 89. Wolf: Arnoldt II, 274.
[3]) Is. 447. Cons. 62. Sch.-O. 89.

Mathematik. Was diese betrifft, so unterscheidet sich Gesner von seinen Nachfolgern und den Philanthropinisten insofern, als er der Mathematik um ihres starken bildenden Vermögens willen[1]) eine bevorzugte Stelle unter den Unterrichtsgegenständen einräumt[2]). Gleichwohl geht er über die Anfangsgründe der Algebra und Geometrie in seinem Schulunterrichte nicht hinaus. Selbst das Ziehen der Quadrat- und Kubikwurzel sollte „nach Belieben" nur denen gezeigt werden, „die weiter gehen wollen[3])". Dabei soll die Jugend vor allem zu „a) deutlichen Begriffen, b) guter Ordnung, c) sicherer Art zu beweisen, d) Bescheidenheit und Gelehrigkeit Raison anzunehmen, e) Aufmerksamkeit und Achtung auf den Zusammenhang einer Sache augewöhnt werden[4])". Man sieht, es kommt ihm auch hier weniger auf Vielwissen, als vor allem auf Gründlichkeit und Anregung zu selbstständigem Weiterarbeiten an. Nicht viel mehr verlangt Heyne von seinen Schülern, obgleich er ein v. lles halbes Jahrhundert später schreibt. In Ilfeld, einer Gelehrtenschule, wurde die „reine Mathematik" auch bloss „zuweilen mit einigen bis zum Buchstabenrechnen getrieben" und die „trigonometria plana bis zur Auflösung der Dreiecke mit Hilfe der tab. sin. tang[5])". Wolf und die Philanthropinisten urteilen, wie gesagt, schon im allgemeinen kühler über die Mathematik. „Die Gründe der Geometrie, soweit sie zur Erkenntnis der Grundsätze der Mechanik dienen[6])", sind ungefähr das Höchste, was Basedow verlangt, weshalb Schlözer ihm, wenn auch mit Übertreibung nachsagt: „Er schliesst die Mathematik aus."

Naturwissenschaften. Einen zusammenhängenden grösseren Abschnitt widmet zwar Gesner diesem Stoffe in seiner Isagoge nicht, aber aus den mannigfach zerstreuten Notizen ist ersichtlich, dass er für die in seiner Zeit mächtig aufstrebenden Naturwissenschaften ein offenes Verständnis und ein warmes Interesse besass. Als zeitgemässer Mann war er natürlich darauf bedacht, ihre Ergebnisse für die Schule fruchtbar zu machen. Wie die Kinder schon vor dem schulpflichtigen Alter mit den elementarsten Begriffen und Kenntnissen aus dieser Disciplin

---

[1]) Is. 55. 660. 773. 798. 1130. [2]) Sch.-O. 35—48. Inst. 150 ff.
[3]) Sch.-O. 42. [4]) Sch.-O. 43. [5]) Nachricht 54. [6]) Vorstellung 87.

bekannt gemacht werden sollen, darüber haben wir schon in der intellektuellen Erziehung unsere Pädagogen sich äussern hören. Für die Schule nun wird der Unterrichtsstoff gebildet durch das Wissenswerteste aus den drei Naturreichen, der Physik, der Astronomie u. s. w. Auch hinsichtlich der Methode herrscht völlige Einigkeit: Anschauung ist das oberste Princip. Zu diesem Zwecke empfiehlt man, ein kleines Naturalienkabinett anzulegen. Gesner: „Es ist zu wünschen, dass eine Sammlung von natürlichen Körpern und allerhand Modellen angelegt werde, imgleichen eine kleine Bibliothek, darin sonderlich gute Abbildungen der Natur und Kunst, einige gute Vergrösserungsgläser, ein Tubus für die Hauptplaneten, ferner Landkarten, ein paar Weltkugeln und gute Aufschlagebücher den ersten Platz haben müssten[1]). Etwas weniger bei Ernesti. Wolf: „Wo gute Kabinette wären, wäre die Sache leicht, meist aber sollen einige alte Kupfer herhalten. Man muss aber die Natur selbst sehen und nicht den Umweg durch Bücher machen. Das Aufschneiden und Secieren der Tiere entfernt den Ekel und instruiert am besten[2])". Das ist ganz nach dem Sinne Gesners; in der Schulordnung[3]) macht er den Lehrer aufmerksam, wie die Jugend „z. B. an den Augen und Ohren der Tiere, die zum Gebrauche der Küche geschlachtet werden, die Teile derselben selbst einsehen könne". Basedow: „Ein Realkabinett von Naturalien und Modellen wäre bei dem Unterrichte sowohl in Sprache, als in Sachen weit nützlicher, als Kupferstiche[4])". Dass er das Realkabinett auch im Sprachunterrichte verwenden will, erinnert wiederum an Gessner, der in der Schulordnung[5]) ein Gleiches thut. Von Büchern empfehlen daneben Gesner und Ernesti die Initia des letzteren und den orbis pictus, die Philanthropinisten das Elementarwerk, Wolf die histoire naturelle von Buffon.

Gemeinnützige Kenntnisse und Verstandesübungen. Ich schicke hier voraus, dass bezüglich der elementarsten technischen Fertigkeiten, des Lesens und Schreibens, beiderseits völliges Einvernehmen herrscht: das Lesen ist nach der Lautiermethode zu lehren und im Schreiben vor allem auf deutliche Schrift, dann auf richtiges und zuletzt erst auf schnelles Schreiben

---

[1]) Kl. Schn. 367. [2]) 63. [3]) 51. [4]) Meth. B. 172. [5]) 52.

zu sehen. Was nun die gemeinnützigen Kenntnisse im engeren Sinne anlangt, so fordert zunächst Basedow[1]), dass man mit den Kindern die Werkstätten von Handwerkern und Künstlern aller Art, Kaufläden und Märkte besuche, um durch neuen Stoff in Unterredungen und Beispielen ihre Kenntnisse zu erweitern. Ähnlich die anderen Philanthropinisten. Dass daneben ziemlich viel Wert auf deutsche Aufsätze, praktische Ausarbeitungen von Klagen, Verteidigungen, Protokollen u. s. w. gelegt wird, wurde bereits erwähnt. Diese Forderungen werden von Gesner noch überboten. In die „allgemeinen Lektionen", die „alle und jede Bürger der Schule wissen müssen", rechnet er z. B. Vormundschaften, Bürgschaften, Kontrakte, Prozesse, Kriegs- und Friedensgeschäfte, Masse und Gewichte und Übungen im Lesen verschiedener Handschriften. Zeitungen geben gute Gelegenheit[2]). Dass die Kinder angehalten werden sollen, mit dem Gelde und dem Ihrigen recht umzugehen, nötigenfalls auch Rechenschaft darüber abzulegen, ist ein Gedanke, der bei ihm mehrfach wiederkehrt. Aber weiter! In der Schulordnung lautet eine Stelle[3]): „Zum wenigsten können allen Kindern, auch auf den Dörfern, die vornehmsten Teile eines Hauses, die zum Ackerwerke gehörigen Werkzeuge und Handlungen, die inwendige Beschaffenheit einer Mühle und deren unterschiedene Arten, und wie ein Teil von dem anderen getrieben wird, ingleichen das Geräte und die Handlung der nötigsten Handwerker gezeigt werden. Durch diese Übung werden sie geschickt, auch grössere und mehr zusammengesetzte Werke zu begreifen; z. E. ein Kind, das eine Mühle, oder einen Bratenwender mit Aufmerksamkeit besehen, kann auch deutliche Begriffe von einer Uhr desto leichter bekommen. Wer eine zinnerne Schüssel giessen sehen, wird sich vorstellen lassen können, wie eine Glocke gegossen werde; und wer den schlechtesten Töpfer auf seiner Scheibe arbeiten gesehen, wird keine Mühe haben, zu begreifen, wie das Porzellan gemacht wird; wo allerhand grosse Werkstätten, als Glashütten, Salz- und Schmelzwerke, Drahtziehereien, Salzsiedereien, item allerhand Arten der Weberstühle u. s. f. zu sehen sind, muss der Jugend ein Zutritt verschafft und jemand zugegeben werden,

---

[1]) Prakt. Ph.¹ 558. ²) Kl. d. Sch. 356 f. Sch.-O. 34. 53. ³) 50.

der ihre natürliche Kuriosität unterhalte und ihnen von allem deutlichen Bericht erteile". Ein Philanthropinist vom reinsten Wasser! — Den Worten nach knapper, aber im Inhalte Gesnern kaum nachstehend, äussert sich Ernesti im Hinblick auf die Lateinschulen[1]). „Von gleicher Nutzbarkeit wird für die Schüler die Bekanntschaft mit den Künsten und den verschiedenen Arten des Gewerbes unter den Menschen sein. Die Lehrer sollen ihnen allgemeine Begriffe davon beibringen, oder selbst mit ihnen die Werkstätten der Künstler besuchen. Dadurch wird mancher Jüngling seine Fähigkeit, ein brauchbarer Künstler zu werden, zeitig entdecken, der sonst spät ein mittelmässiger Gelehrter geworden wäre. Überhaupt aber sollen die Schüler zu der Kenntnis der bürgerlichen Gesellschaft angeführt, in den verschiedenen Verhältnissen und Pflichten jedes Standes unterwiesen, zu feinen Sitten und einem wohlgeordneten Leben ermuntert und zu nützlichen Gliedern des Staates ebenso sorgfältig, als zu brauchbaren Gelehrten gebildet werden". — Desgleichen kennt Heyne „gemeinnützige Kenntnisse aus der Naturgeschichte, Naturlehre, aus den Gewerben, Professionen, Künsten, Wirtschaft, in Städten und auf dem Lande, mit gesundem Urteile ausgehoben, aus der gelehrten Sprache in die gemeine Sprache des Lebens übertragen und für die Fassungskraft und künftige Bestimmung der Knaben abgemessen und sinnlich gemacht; Kenntnisse, die künftig für bürgerliche Stände nützlich sein können, wozu selbst die Gegenstände aus dem täglichen Leben zu rechnen sind, worüber der grosse Haufe insgemein nicht nachdenkt oder gar nichts dabei denkt u. s. w.[2])". — Man sieht, Arnoldt[3]) hat nicht unrecht, wenn er angesichts der gemeinnützigen Kenntnisse von einer Modepädagogik redet. Auch Wolf entrichtete derselben noch seinen Tribut, indem er selbst auf seinem Stundenplane für das Joachimsthalsche Gymnasium für die gemeinnützigen Kenntnisse in VI drei Stunden, in IV eine wöchentlich ansetzte. Zu ihnen zählte er Belehrungen „aus Naturkenntnis, insonders der Natur des Menschen, aus Handwerkskunde, gemeiner Mechanik, höherer Technik, anderer Technik und Geschichte"; die Lehrer sollen dabei alles darauf anlegen, „dass

---

[1]) Sch.-O. b. IX, 4.   [2]) Sch.-O. Sp. 832 f.   [3]) II, 311.

die Begierde erregt wird, solche Kenntnisse einst in wissenschaftlicher Form zu erlangen[1]".

Durch die Mitteilung solcher gemeinnütziger Kenntnisse sollte zunächst nur das allgemeine Wissen bereichert, demnächst aber, wie schon mehrfach angedeutet, auch der Verstand geübt werden. Besonders jedoch diente diesem letzteren Zwecke eine kurze Übersicht über die Wissenschaften und eine elementare Einleitung in die Philosophie und Logik, die man den Schülern, meist kurz vor dem Abgange zur Universität, gab. In dieser Absicht empfehlen Gesner und Ernesti die Initia des letzteren. Auf seiten der Basedowianer hatte man die „Praktische Philosophie"; sie sollte, wie der Verfasser in der Vorrede zur zweiten Auflage[2]) bemerkt, „auch der Jugend dienen auf Gymnasien und Universitäten, ganz besonders aber zu Vorlesungen in Edukations-Instituten"[3]).

Man begegnet häufig der Ansicht, dass den Philanthropinisten zuerst und am meisten das Verdienst gebühre, den Realien gegenüber den Sprachen grössere Berechtigung verschafft zu haben, und bekannt ist jene Stelle[4]), wo Basedow selber beklagt, dass „die vorigen Jahrhunderte einen pedantischen Hang zu den Sprachen und vielen unnötigen Teilen der Philologie gehabt haben". Nun, es wird durch diesen Abschnitt klar geworden sein, wem in Wahrheit dieses Verdienst zukommt: es ist Gesner. In ihm hat der Realismus in der Pädagogik einen so entschiedenen und einen so zielbewussten und besonnenen Vorkämpfer gehabt, dass im Vergleich zu ihm die Philanthropinisten, was die Realien anlangt, eher einen Rückschritt, denn einen Fortschritt bezeichnen. Wer bei Hahn[5]) den Abschnitt über die Realien liest, wird leicht zugeben, dass Rousseau und Gesner einander die Wage halten; die Philanthropinisten aber bleiben, wie Hahn hinreichend bewiesen hat, auf der ganzen Linie der Realien hinter Rousseau zurück. Damit ist der zweite grosse Unterschied zwischen Gesner und den Philanthropinisten gewonnen.

Es könnte vielleicht hier und da den Anschein gewinnen, als sollte durch diese Untersuchung der Unterschied zwischen diesen beiden Gruppen so viel als möglich beseitigt werden. Aber das sei ferne! Vielmehr ist die Sachlage so: Gemeinsam

---

[1]) 134 f.   [2]) VIII f.   [3]) Vergl. auch El. W. I, 323—432.   [4]) Meth. B. 215 f.   [5]) 88 ff.

ist beiden das Befangensein im Ideenkreis der Aufklärung. Daneben bestehen zwei grosse Unterschiede. Der erste ergab sich bei der Betrachtung ihrer Stellung zu den Sprachen. Da ist Gesner konservativer, als die Philanthropinisten; er ist Humanist, jene, wenn man will, Antihumanisten. Indessen bahnen sich schon hier bei Gesner Gedanken ganz andrer Art an; es bereitet sich bei ihm eine neue Auffassung vor, die in seinen Nachfolgern Heyne, Wolf, Herder sich immer mehr von der Aufklärung ablöst; deshalb ist Gesner nicht bloss Humanist, sondern vorlaufender Neuhumanist. Der andere Unterschied knüpft sich an die Realien. Hier holt Gesner die fortschreitenden Philanthropinisten nicht nur ein, sondern er überholt sie sogar. — Lassen wir jetzt ihn selbst diesen Abschnitt beschliessen mit ein paar Sätzen[1], die seine Ansicht über das Verhältnis von Humaniora und Realia vielleicht am deutlichsten zum Ausdruck bringen: „Mindestens die Elemente der Mathematik und Naturwissenschaft, muss jeder verstehen, der zu den Gebildeten zählen will; vollends einem Lehrer sind sie ganz unerlässlich. Die Folge ihrer Vernachlässigung ist, dass man Realschulen verlangt. In den „Hannöverschen Anzeigen" kann man jetzt bittere Klagen lesen von solchen, die Realschulen fordern und die wünschen, dass in jeder Schule eine Realklasse bestünde. Mit ihnen beklagen sich die Eltern derjenigen Knaben, die nicht für die Wissenschaften, sondern für ein Gewerbe, eine Profession bestimmt sind. „Mein Sohn", sagen sie, „möchte Jäger oder Kaufmann oder Schuhmacher oder dergl. werden; was nützt ihm da das Lateinische? Und was wird ausser dem Lateinischen auf den Schulen gelehrt?" Sie haben ganz recht. Aber schon lange ist dem Rechnung getragen worden, wie man aus der „Schulordnung" und aus meinen „deutschen Schriften" hätte ersehen können. König Georg forderte meinen Rat; doch niemand befolgte ihn. Die Mathematik sollte unbedingt in den Schulen traktiert werden; sie gehört zu den gemeinnützigen Kenntnissen, die allen und jedem zu gute kommen können. Eher könnte in der That das Lateinische für den Privatunterricht aufgehoben werden. Was nützt's denn dem Schuster, dass er weiss, podex sei generis masculini?"

---

[1] 1130.

c) Religion.

Über die persönlichen religiösen Anschauungen unserer Pädagogen sind wir bereits unterrichtet. Wir haben gesehen, dass sie zwar alle mehr oder weniger der natürlichen Religion huldigen, dass aber selbst Basedow und Wolf sich nicht principiell von der positiven Offenbarungsreligion lossagen. Wir haben dann ferner gesehen, wie sie alle einmütig darauf drangen, dass dem Kinde schon früh Religiosität einzuflössen sei.

Gesner war dabei sogar so weit gegangen, dass er den Kindern noch vor dem Lesenlernen „die zehn Gebote und übrigen Hauptstücke durch tägliches Vorsagen beigebracht und auf das Leichteste erklärt" wissen wollte[1]). Haben dann die Kinder in der Schule die ersten Schwierigkeiten des Lesens überwunden, so zaudert er keinen Augenblick, ihnen, wenn auch natürlich nur nach und nach, den Katechismus Luthers, das Neue Testament und endlich die ganze Bibel in die Hand zu geben, teils als Lesebücher, teils und vor allem als Grundlage für den Religionsunterricht. Wenn er den letzteren so zeitig beginnen lässt, so thut er es nicht in mechanischer Befolgung eines alten Herkommens, auch nicht bloss in halb unbewusster, aber unverkennbarer Anlehnung an Comenius, der ja womöglich allen Unterrichtsfächern und Wissenschaften ein christlich religiöses Gepräge geben wollte, sondern im bewussten und ausdrücklichen Gegensatze zu einer Gattung von Männern, Rationalisten, wie er sie nennt[2]), die der Ansicht sind, dass man mit dem Religionsunterrichte erst beginnen müsse, wenn das Kind seine Vernunft voll gebrauchen könne. Das sei ganz verkehrt, meint er, und von grossem Nachteile. Die Erfahrung lehre denn auch, dass es mit der Religion solcher, die auf diese Weise erzogen worden sind, immer eine missliche Sache sei; denn mit Vernunftgründen und Beweisen sei in der Religion gar nichts gethan, dadurch würden die Menschen weder gut noch fromm. Darum sei es schon besser, ein Kind empfange eine falsche Religion, d. h. eine, die es nicht ganz begreift, als gar keine. „Hüten wir uns aber darum desto mehr", fährt er fort, „dass wir den Kindern etwas darbieten, was sich hinterher als falsch herausstellt und wieder verlernt werden

---

[1]) Sch.-O. 23.   [2]) Is. 1520.

muss¹)". Positiv sich ausdrückend, sagt er dementsprechend in der Schulordnung²): „Sobald sie fertig lesen können, wird ihnen ein kleines Stück aus dem Katechismus nach dem anderen deutlich erklärt, in kleine Fragen zergliedert und so klar gemacht, dass ihnen kein Wort unverständlich bleibt". Ebendeshalb soll auch der Katechismus in drei Ordnungen eingeteilt werden, „so, dass man das erste Mal nur das Allernötigste lernen lässt und bei dessen Wiederholung die andere und endlich auch die dritte Ordnung hinzuthut". Schliesslich wünscht er noch³), dass Kirche und Schule im Religionsunterrichte zusammengehen, wobei der letzteren hauptsächlich die Aufgabe der Vorbereitung und Wiederholung dessen zufällt, was in der Predigt als Gegenstand der Unterweisung dient. In den oberen Klassen der höheren Schulen ist natürlich die Bibel im Urtexte die Grundlage⁴), neben der dann noch Kompendien von Tromsdorf, Buddeus, Pfaff u. s. w. herangezogen werden.

Ernesti steht dem grossen Comenius fast noch näher. Noch für die Fürstenschulen verlangt er eine tägliche Morgenandacht mit Gebet und Schriftauslegung. Der Unterrichtsstoff erfährt insofern eine Bereicherung, als auch „die vornehmsten Teile der Kirchengeschichte", sowie „die wesentlichen Unterscheidungszeichen der Religionen" behandelt werden⁵). Was bei Gesnern über das Zusammenwirken von Prediger und Lehrer bemerkt wurde, gilt natürlich auch hier, und wie Gesner, so mahnt auch Ernesti eindringlich, dass die Kinder sich nicht gewöhnen „vom Christentume und der Religion Worte ohne Verstand zu reden und auswendig zu lernen⁶)". Ganz besonders sei aber eine etwas längere Stelle aus den Initia⁷) angeführt, und zwar im Wortlaut, damit man selbst urteilen kann: Etsi non nimis mature rebus sacris infantes erudiri posse videantur, gravissime tamen errant, qui se putant liberis prodesse, cum eos docent v. c. erecto ad coelum digito, Dei nomen pronunciare, aut formulas precum breviores recitare, cum nec vim verborum teneant, nec capere possint. Nam ita consuescunt, formulas precum sine cogitatione, nulla vi verbis subiecta, recitare, in eamque opinionem deinde veniunt, quasi

---

¹) 1520 ff. ²) 23. ³) Sch.-O. 24. ⁴) Sch.-O. 25. ⁵) Sch.-O. a IV, 3. 9.
⁶) Sch.-O. b VI, 4. ⁷) 610.

intelligant, quae non intelligunt, et ipsis denique omnis precandi rite, et cum cogitatione perpetua, ratio difficillima per totam vitam efficitur. Nam, quod plerique non possunt, v. c. eam precandi formulam, quam Christo debemus, semper, servata attentione perpetua recitare: eius sane nulla alia causa est, quam quod eam memoriae mandavere et saepissime recitavere, eo tempore, quo eam ne intelligebant quidem. Und solche Worte bereits zu einer Zeit, wo an Basedow und Philanthropinismus noch gar nicht zu denken war! Man sieht, wie nutzlos es von vornherein ist, wenn man die Leute glauben machen will, dass die Philanthropinisten zuerst gegen das unverständige Auswendiglernenlassen im Katechismusunterrichte geeifert hätten.

Heyne verband, wie in Ilfeld, so auch in Göttingen die Religion mit der Moral; beides wurde in vier Abteilungen gelehrt: 1. katechetischer Unterricht für Kinder und Knaben, soweit sie ihn fassen können, und 2. für die zur Konfirmation vorzubereitenden. 3. Religion und Moral, praktisch. 4. Geschichte und Glaubenslehre für die Erwachsenen und insonderheit für künftig Studierende [1]).

Wolf verordnete als Rektor der höheren Stadtschule in Osterode tägliche Andachten mit Gebet und Bibellesen und empfahl daneben fleissigen Kirchenbesuch und „oftmaligen Gebrauch des hl. Abendmahles" [2]). Aber dieser bevorzugten Stellung sollte sich die Religion auch bei den Neuhumanisten nicht erfreuen. Immer mehr neue Fächer wollten und mussten in den Lehrplan aufgenommen werden, und so finden wir in dem Stundenplane für das Joachimsthalsche Gymnasium für VII, VI, V und III nur noch je zwei, für IV und I gar bloss eine wöchentliche Religionsstunde vorgeschrieben; ja in II fehlt auch diese eine, wahrscheinlich in Rücksicht auf den gleichzeitigen Konfirmandenunterricht. Für die oberen Klassen dient natürlich ebenfalls das neue Testament als Grundlage.

Was nun den Religionsunterricht bei den Philanthropinisten anlangt, so ist das ja ein Thema, über das allein man eine kleine Abhandlung schreiben könnte, obgleich die Zahl der dafür heranzuziehenden Autoren gar nicht einmal gross wäre. Denn so viel

---

[1]) Sch.-O. Sp. 830. [2]) Arnoldt, II. 270.

auch sonst die Philanthropinisten über die Religion und ihre Verwertung in der moralischen Erziehung schreiben, so wenig sprechen sie sich über den eigentlichen Religionsunterricht aus. Von den bisher in dieser Untersuchung genannten Philanthropinisten kommen schliesslich nur Basedow, Trapp, Wolke und Bahrdt in Betracht, und auch von diesen ist nach meiner Ansicht einer sofort wieder auszuschliessen, das ist Bahrdt. Denn abgesehen von den „Unterscheidungslehren der Kirche", die aber nur auf ausdrückliches Verlangen der Eltern und Vormünder den Kindern bekannt gemacht wurden, bestand sein Religionsunterricht in der Mitteilung der natürlichen Religion, d. h. eines Etwas, das man, nach dem Gottesdienste zu schliessen, in dem sie sich ausprägte, nur als alberne und nach theatralischen Effekten haschende Komödie bezeichnen kann. Von den Übrigbleibenden äussert sich bei weitem am ausführlichsten Basedow über den Religionsunterricht, aber gerade die Menge seiner hierher gehörigen Schriften und Aufsätze und die mancherlei Unklarheiten und Widersprüche in denselben erschweren es ungemein, ein durchsichtiges Bild von seinen Ansichten zu gewinnen. Ebendeshalb glaube ich, mir eine „umständliche Darlegung" der Einzelheiten erlassen zu können, zumal da Hahn[1]) bereits eine solche gegeben hat, und ich nicht einsehe, warum, wenn man's für richtig befunden, etwas noch einmal gethan werden soll, was ein anderer bereits einmal gethan hat. Seinem Ergebnis kann ich mich in jeder Beziehung anschliessen. Er sagt[2]): „Basedow will die Kinder des leichteren Verständnisses wegen zunächst in der natürlichen Religion unterrichten, dann aber ungefähr im 10. Jahre in die christliche Offenbarung eingeführt wissen. Damit aber seine Reform der Erziehung der gesamten Welt allen Nationen und Konfessionen unvermindert zu gute kommen könne, vermeidet er in seinen Schriften, vorzüglich im Elementarwerke, alle Entscheidungen und beschränkt sich hier auf die natürliche Religion, indem er die geoffenbarten Religionen dem Sonderunterrichte zuweist. In seiner Erziehungsanstalt, dem Philanthropin aber, welches sich in einem ausschliesslich christlichen Staate befand, dehnt er endlich seinen Unterricht, nur noch auf die einzelnen christlichen

---

[1]) 98 ff.. [2]) 105.

Kirchen Rücksicht zu nehmen genötigt, auf eine allgemein-christliche Lehre aus". Dem habe ich nur noch wenig hinzuzufügen. Auch Trapp[1]) redet der natürlichen Religion das Wort, und noch mehr ist das bei Wolke der Fall, wie das lehrhafte Gedicht in seiner „Erziehungslehre" deutlich beweist, auf dessen Vorlesung schliesslich sein Religionsunterricht hinauskommt. Das specifisch Christliche tritt nicht nur zurück, sondern fehlt in diesem Jugendunterrichte, der wie bei Basedow etwa im 5. oder 6. Jahre des Zöglings beginnen kann, überhaupt ganz. So haben diejenigen in der That nicht ganz unrecht, welche vom christlichen Standpunkte aus urteilen, die Religion des philanthropinistischen Unterrichts sei überhaupt keine Religion gewesen. Für den Gegensatz von Natur und Gnade fehlt den Philanthropinisten jedes Verständnis, und von hier aus erhält die Frage nach der Umwandlung des Optimismus in Pessimismus bei Basedow ihre Beleuchtung. Aber auch, was sie den Kindern in der natürlichen Religion bieten, ist nur ein kaltes Vernünfteln und ein leeres Spielen mit Worten. Hier liegt der wunde Punkt des Philanthropinismus und aus ihm erklärt sich's, warum es mit seinen Schulen so gar nicht fort wollte. „Die Religion ist das Fundament der Erziehung", sagt Raumer[2]), und hier wird ihm jedermann zustimmen, „von der Solidität dieses Fundaments hängt die Güte des ganzen Gebäudes ab; Basedows Haus war auf Sand gebaut". Das erkannten denn auch schon die Zeitgenossen und so kam es, dass, während die Menge dem Philanthropinismus noch zujauchzte, bereits ernste Stimmen laut wurden, „die es bezeugten, dass seine Bildungsideale kränkeln an Kälte und Seichtigkeit des Gefühls, weil ihnen fehlt die Idee der heiligen Liebe; dass der höchste Aufflug des Gefühls nicht gelingt, dass nur irdische Reflexe statt des himmlischen Lichtes aufgefasst werden, weil die höchste Idee fehlt. Denn das Erdenleben, dies gewöhnliche Bausch- und Bogenleben, es ist für sich kalt und farblos, wie ein Polarland; aber über ihm soll, nach dem schönen Vergleiche des Dichters die Religion stehen, wie der Nordschein, der den Himmel mit Feuergarben und Edelsteinen füllt und den Menschen des kalten Bodens an das erinnert, was über ihm lebt"[3]). Ja,

---

[1]) 268 ff.   [2]) Bei Leyser 89.   [3]) Leyser 89 f.

nirgends zeigt sich's deutlicher, als hier in der Religion, dass es mit dem „an das Herz appellierenden Gefühlsenthusiasmus" Basedows nicht weit her und zu einem guten Teile weiter nichts als „zopfige Sentimentalität" und marktschreierisches Wesen war. Darum ist es aufs lebhafteste zu bedauern, dass Gössgen[1]) sich mit dem Religionsunterrichte Basedows im Vergleiche mit demjenigen Rousseaus so sehr schnell abfindet; eine grössere Vertiefung gerade in diesen Stoff würde vielleicht auch ihn von der Unhaltbarkeit seiner Auffassung überzeugt haben.

2. Unterrichtsmittel.

a) Methode.

Auf die in den einzelnen Fächern zu befolgende Methode komme ich hier nicht wieder zurück, ich bescheide mich vielmehr bei der Mitteilung einiger allgemeiner Gesichtspunkte, nach denen unsere Pädagogen den Unterricht gehandhabt wissen wollen.

„Die Arbeiten der Kinder zu Spielen und ihre gar zu beliebten Spiele zu Arbeiten zu machen"[2]), kann hier getrost als der oberste Grundsatz der Philanthropinisten betrachtet werden. Bis zum Ermüden oft kehrt der Gedanke in ihren Schriften wieder und auf alles und jedes, was das Kind zu lernen hat, wird er angewendet. Schon im vorigen Teile haben wir gesehen, welche wichtige Rolle das Spiel bei der körperlichen und moralischen Ausbildung des Zöglings spielt, und wie stark es namentlich in der intellektuellen betont wird. Um die Kinder das Lesen zu lehren, giebt man ihnen Buchstaben aus Backwerk, die Elemente des Rechnens macht man mit Äpfeln und Nüssen klar, Basedow geht sogar so weit, dass er das Kind beim Sprechenlernen angenehme Worte, wie Zucker, Rosinen u. s. w. zuerst sagen lässt[3]), ja selbst in Geschichte, Geographie und Grammatik will er „einige Gedächtnissachen" in eigentliches Spiel umwandeln[4]). Nimmer wird man müde, darauf zu dringen, dass die Kinder zu nichts im Unterrichte gezwungen, mit ihnen vielmehr stets nur das getrieben werde, was ihnen Vergnügen bereitet, dass man sie unmerklich und zufällig auf neue Erkennt-

---

[1]) 113 f.   [2]) Meth. B. 83.   [3]) El. W. I, 37.   [4]) El. W. I. 79.

nisse führe u. s. w. Man hat diese Begünstigung des kindlichen Spieltriebes durch die Philanthropinisten schon zu ihrer Zeit gerügt und gewiss mit Recht, aber man darf nicht vergessen, dass diese damit ich möchte sagen in einer Art von Notwehr handelten. In den von den Pietisten stammenden Schulordnungen[1]) werden die Lehrer angewiesen, den Spieltrieb der Kinder „auf evangelische Weise" zu unterdrücken, „indem man ihnen die Eitelkeit und Thorheit des Spieles vorstellt". Gegen dieses Treiben der Pietisten traten die Philanthropinisten mit ihrer Forderung der Spielmethode auf, und wo der Hass mitspielt, da giebt's allemal Übertreibungen.

Sieht man von diesen Übertreibungen ab, so hat den Grundsatz des spielenden Unterrichts natürlich auch Gesner schon. Ich sage „natürlich", denn bekanntlich hat ihn Locke zuerst aufgestellt, ja in seinen letzten Wurzeln ist er schon bei Comenius nachweisbar. Dass und wie sehr Gesner den Nutzen des Spieles für den ersten Jugendunterricht angreift, haben wir gleichfalls schon gesehen. Für den Schulunterricht nun giebt er eine Reihe ganz ähnlicher Ratschläge, wie die Philanthropinisten. Die Freiheit und Neigung der Kinder zum Spielen werde durch den Schulunterricht eingeschränkt, meint er[2]), um so mehr müsse man darauf bedacht sein, die Lust und das Interesse der Kinder durch allerlei Mittel rege zu halten. Darum bittet er die Lehrer, die Beurteilungskraft der Lernenden gleichsam herauszulocken[3]), und giebt ihnen zahlreiche Winke, wie dies anzustellen sei, so beim Lese-, so beim Rechnenunterricht, so in der Naturlehre, in der Geographie u. s. w.; immer wählt er „Exempel, an denen die Kinder Freude haben". Als Summe seiner Ansichten über dieses Unterrichtsmittel kann der Satz gelten[4]): „Die Aufmerksamkeit der Kinder zu erhalten, muss der Lehrer sich nichts schämen, nichts verdriessen lassen, sondern sozusagen auf allerlei Ränke und Listen bedacht sein, die Jugend auf eine heilsame Art zu betrügen, dass sie nämlich keine Beschwerung im Lernen merke und sich doch freuen könne, etwas gelernt zu haben".

Ernesti, Heyne, Wolf zeigen das Bestreben, den Kindern den Unterricht möglichst leicht und angenehm zu machen, natürlich

---

[1]) Vormb. III, 287. [2]) Sch.-O. 3. [3]) 17. [4]) 80. 2.

ebenfalls, aber es tritt im Vergleich zu Gesner merklich zurück. Man spürt in ihren Schriften, die Zeiten sind ernster, männlicher geworden. Es ist nun selbstverständlich, dass der eben besprochene Grundsatz nicht ohne Einfluss auf die Disciplin bleiben kann. Wer Kindern das Lernen in der Schule so erträglich als möglich machen will, wird die Zucht nicht durch rücksichtslose Strenge zu erreichen suchen. So machen denn Neuhumanisten wie Philanthropinisten Liebe ihren Lehrern zur ersten Pflicht. „Weil, alles, was man mit Lust und Vergnügen thut, glücklicher von statten geht", sagt Gesner[1]), „so muss der Lehrer vor allen Dingen selbst eine herzliche Liebe zu den Kindern haben; hat er sie, so wird er: 1. ihnen, soviel sich thun lässt, mit einem freundlichen Gesichte, liebreicher Miene, aufgeklärter Stirne und heiteren Augen begegnen; 2. ihre natürliche Begierde, etwas zu wissen gerne unterhalten, ihre Fragen freundlich beantworten, ihnen von Zeit zu Zeit etwas Angenehmes und dabei Nützliches erzählen; 3. einige Freude über ihre glücklichen Zufälle und ein Mitleiden bei ihrem Verdrusse und Schmerzen bezeugen u. s. w." Hat der Lehrer auf diese Weise „die Aufmerksamkeit, gleichsam die Hand, womit alles, was gelernt werden soll", ergriffen, so muss er darauf bedacht sein, sie auch festzuhalten[2]). Dazu dient ihm die Abwechselung, „durch welche eine Art der Neuigkeit zuwege gebracht wird"[3]); z. B. er lehrt die Kinder die Buchstaben nicht nach der Ordnung des Alphabets, sondern nimmt bald diesen, bald jenen heraus, zeigt ihnen, dass i der kleinste Vokal und zugleich die Stimme der kleinsten Menschen und Tiere ist[4]); ferner: er fragt sie nicht nach einer gewissen und festgesetzten Ordnung, sondern lässt sie bald in dieser, bald in einer anderen Reihe um sich hertreten[5]). Ein vorzügliches Mittel, die Aufmerksamkeit der Kinder munter zu halten, ist auch der Wetteifer, zu dem man sie gegenseitig anstachelt. Kleine Belohnungen sind dabei sehr am Platze; die kleineren Schüler bis zu zwölf Jahren kann man obenan sitzen oder hinunterrücken lassen. Bei den grösseren ist das nicht mehr angebracht, denn bei ihnen erregt das höchstens Streit, Unverträglichkeit und

---

[1]) Sch.-O. 4. [2]) 5. [3]) 6. [4]) 27. [5]) 6.

Schlägereien; wo Stiftungen vorhanden sind, können Bücherprämien ausgesetzt werden[1]). Kurz, überall muss der Lehrer „sich nichts schämen, nichts verdriessen lassen u. s. w.". Erregt ein Kind gleichwohl die Unzufriedenheit des Lehrers, so soll dieser nicht bei jeder Kleinigkeit strafen. Auch hier gilt, was wir schon bei der Erziehung sahen: nur bei sittlichen Vergehen sind Strafen zulässig. Bei Faulheit ist „mit der äussersten· Behutsamkeit" vorzugehen; erst „zu allerletzt", wenn gütliche Vermahnungen offener Tadel, Nichtbeachtung vergeblich gewesen sind, „wenn die Faulheit aus einer offenbaren Bosheit herkommt", darf zu „Gefängnis, Schlägen und dergleichen hartem Traktament" geschritten werden[2]). Gleichwohl soll der Lehrer gerade bei Faulheit nicht allzu nachsichtig sein; oft geschehe es, dass sich die Schüler krank stellen; dann ist das beste Mittel, sie nicht aus dem Bette zu lassen und ihnen „nichts als etwa eine leichte Suppe zu essen zu geben"*). Aber auch beim Strafen selbst soll der Lehrer noch Sanftmut, Bescheidenheit, Liebe zeigen, soll „nicht mit Ungestüm, zornigen Geberden, Schreien und Poltern strafen und also eine Art Selbstrache ausüben", sondern „mit Worten, Geberden und Werken bezeugen, dass man nur durch Pflicht und Gewissen, durch Liebe zu dem, der gesündigt, und denen, die geärgert worden, dazu gedrungen werde"[3]). Summa summarum, etwas moderner ausgedrückt: Lerne, in dem Kinde das Kind zu sehen!

Es hiesse wahrlich die Geduld auf gefährliche Proben stellen, wollte ich nun des weiteren ausführen, in welcher Weise die Philanthropinisten dieselben Grundsätze vertraten. Es ist bekannt, wie sie nur zu oft über das Mass des Zulässigen hinausgehen und eben dadurch die Arbeit um ihren schönsten Lohn bringen, nämlich um die Freude nach überstandener Anstrengung. Gewiss hatte Wolf die Philanthropinisten im Auge, wenn er sich missbilligend über „die spielenden Erleichterungsmethoden" ausspricht[4]), und Heyne, wenn er in der Ilfelder Nachricht sagt:

---

*) Den Nutzen solcher Hungerkuren hatte Gesner in seiner Schulpraxis selbst erprobt; schon nach Ablauf des ersten Amtsjahres dankte der ehrsame Rat der Stadt Leipzig dem energischen Thomasrektor dafür, dass er 350 Thaler (!) weniger an die Apotheke zu zahlen gehabt hatte.

[1]) Sch.-O. 9. 12.   [2]) Sch.-O. 142.   [3]) Sch.-O. 139.   [4]) 293.

„In der Disciplin wird allen Ernstes darauf gesehen, dass sowenig der Unterricht, als die Schulzucht, weder in das Stutzermässige, noch in das Tändelnde und Spielende, welches für die Erziehung nach der Mode eine verderbliche Pest geworden ist, verfallen möge. Der unglücklichste Mensch ist der, der alles spielend treiben will; am Ende hat er selbst zum Spielen keine Lust"[1]). Der zweite gemeinsame Hauptgrundsatz unserer Pädagogen ist der, dass der Unterricht naturgemäss, d. h. der Natur des Kindes gemäss sei. Hierher gehören alle jene Mahnungen, dass man den Kindern nicht zu viel zumute, sie mit Lehrstoff nicht überhäufe, dass man sie nicht zu lange über ein und demselben Stoffe, ja überhaupt nicht zu lange sitzen lasse, dass man nicht zu rasch und erst dann weitergehe, wenn es von allen richtig und ganz verstanden worden ist, dass man andererseits nichts verlange, was nicht wirklich in den geistigen Besitz der Lernenden übergegangen ist, dass man sich namentlich bei Anfängern immer auf das Nötigste und für das Folgende Grundlegende beschränke, dass man beständig vom Leichteren zum Schwereren, vom Bekannten zum Unbekannten fortschreite, dass man, wenn irgend möglich, stets von der Anschauung ausgehe u. s. w. — Mahnungen, die alle darauf hinauskommen, dass man das Kind als ein Geschöpf ansehe, das zwar mit gewissen Fähigkeiten ausgestattet ist, das aber erst noch etwas werden soll, das noch nicht so viel und so schnell begreift, wie ein Erwachsener; Mahnungen, die teils in dem bisherigen Verlaufe dieser Arbeit zu häufig wiedergekehrt, teils in den Schriften unserer Pädagogen zu leicht und zu oft zu finden sind, als dass es nötig wäre, hier noch besondere Belegstellen anzuführen. — Hinsichtlich der Form des Unterrichts herrscht natürlich die erotematisch-entwickelnde Methode.

Eine wichtige Frage für unsere Pädagogen ist diejenige nach guten Lehrbüchern, vornehmlich nach guten Elementarbüchern. Die vorhandenen sind teils nicht empfehlenswert, teils zu teuer. Ganz besonders mangelt es an Klassikerausgaben. Diesem Notstande suchte Gesner durch lateinische und griechische Chrestomathien abzuhelfen, die er selber herausgab und

---

[1]) 63.

die grosse Verbreitung fanden. Für die Realien, für die Philosophie u. s. w. schrieb Ernesti auf Anregung Gesners*) seine Initia. Auf seiten der Philanthropinisten diente zum Unterrichte in den Realien Basedows Elementarwerk, ein Buch, das nach Wolfs Urteil „wenigstens in dieser Beziehung nicht zu verachten war"**)[1]). Ich habe in diesem Abschnitte mehr als sonst Gesnern zu Worte kommen lassen, um dadurch einer Behauptung entgegenzutreten, die Gössgen auf Seite 90 seiner Abhandlung aufstellt. Dieselbe lautet: „Basedows unsterbliches Verdienst ist es, dass er, Rousseau folgend, die Menschheit und speciell die Pädagogen auf die Notwendigkeit einer freundlichen Behandlung der Kinder hinwies, und dass er thatsächlich durch diesen Hinweis die Erziehung von ihrem damals barbarischen Charakter befreit hat". Nachdem dargelegt worden ist, wie bereits Gesner lange vor Basedow mit den Kindern umgegangen wissen will, ist es wohl überflüssig, noch weitere Worte zu der Behauptung Gössgens zu verlieren. Sollte es solcher dennoch bedürfen, so verweise ich auf die drei grossen Abschnitte in der Schulordnung: Von der Zucht. — Was zu bestrafen? — Von unterschiedlichen Arten der Strafen — im ganzen sechzehn 49zeilige Seiten, ein Beweis, wieviel ihm an der richtigen Behandlung der Kinder gelegen war, und wie notwendig ihm eine Belehrung der Lehrer gerade in diesem Punkte erschien.

b) Lehranstalten.

„Es ist ein gemeiner Fehler der meisten Schulen, dass man in denselben hauptsächlich nur auf diejenigen sieht, welche sogenannte Gelehrte von Profession werden sollen oder wollen, hingegen dasjenige versäumt, was im gemeinen bürgerlichen Leben bei Künsten und Professionen, in Hof- und Kriegsdiensten unentbehrlich oder doch nützlich ist. Ein wohlangelegtes Gymnasium muss diese Einrichtung und Eigenschaft haben, dass die Jugend

---

*) Vergl. die praefatio zu den Initia.
**) Dass Gesner den Gedanken gehabt habe, selber ein Werk nach Art des orbis pictus zu schreiben, wie Eckstein zu erzählen weiss, finde ich weder in Is. I 76, noch sonst irgendwo angedeutet.
[1]) Arnoldt, II. 101.

von allerlei Extraktionen, Alter, Beschaffenheit und Bestimmung ihre Rechnung dabei finden könne". Mit diesen Worten beginnt Gesner[1]) nach einigen einleitenden Bemerkungen seine in dieser Arbeit schon öfter erwähnte, kleine, aber sehr lehrreiche Abhandlung: „Bedenken, wie ein Gymnasium in einer fürstlichen Residenzstadt einzurichten". An dem Zusatze „in einer fürstlichen Residenzstadt" braucht man keinen Anstoss zu nehmen, er ist nur gemacht worden in Rücksicht auf diejenigen jungen Leute, die nach einer bestimmten Frist in Hofdienste treten; lässt man diese ausser Betracht, so kann das Gymnasium ebensogut in jeder anderen Stadt auch bestehen. — Ein Gymnasium wünscht sich also Gesner, das von künftigen Studierenden und künftigen Professionisten zugleich besucht werden kann. Natürlich wird da die Stellung des Lateinischen das Entscheidende sein. Ich gebe gleich ein Schema, das wird die Übersicht am besten verdeutlichen:

I. Progymnasium*): 3 Ordnungen (Klassen?) = 6 Jahre.
    publice: Religion. Lesen. Schreiben. Rechnen. Deutsche Grammatik. Elemente der Musik, des Zeichnens, der Naturgeschichte. Gemeinnützige Kenntnisse.
    privatim: Lateinisch. Französisch. Geschichte. Geographie.

II. Gymnasium: 2 Ordnungen (Klassen?) = 4 Jahre.
  1. Ordnung = 2 Jahre.
    publice: Religion**). Deutsch. Lateinisch: vorwiegend Lektüre. Französisch. Geschichte. Geographie. Mathematik. Naturwissenschaften. Zeichnen.
    privatim: Lateinische Grammatik. Griechisch.
  2. Ordnung = 2 Jahre.
    publice: Religion. Lateinisch: Lektüre, Grammatik, Aufsatz. Griechisch. Geschichte. Mathematik. Einleitung in die Philosophie und Logik.
    privatim: Hebräisch**). Einleitung ins akadem. Studium.

Dieses Gymnasium verlangt also für die künftigen Studierenden einen mindestens zehnjährigen Besuch, so dass, wie Gesner

---
*) Eine nur provisorisch eingeführte Bezeichnung, die bei Gesner fehlt.
**) Diese Fächer sind im Bedenken nicht mit aufgeführt, ergeben sich aber aus dem sonst bei G. geltenden Lehrplane, besondes aus der Schulordnung.
[1]) Kl. d. Schrn. 352.

selbst angiebt, der Abiturient etwa im 16. Jahre*) die Universität beziehen kann. Es ist aber klar, dass dabei der günstigste Fall angenommen wird; in Wirklichkeit rechnet auch Gesner damit, dass entweder im Progymnasium oder im Gymnasium ein bis zwei Jahre zugegeben werden. Denn in der Isagoge[1]) beklagt er es, wenn die Studierenden so jung auf die Universität kommen. und er drückt den Wunsch aus, dass dies nicht vor dem 17. oder 18. Jahre geschehen möchte. — Neben den künftigen Studierenden nennt Gesner solche, „die ihr Glück im Kriege oder bei Hofe machen wollen". Sie besuchen nach dem Progymnasium nur noch die erste Ordnung des eigentlichen Gymnasiums. Da wir es hier nicht mit einer Ritterakademie zu thun haben, wird ihre Zahl kaum grösser gewesen sein, als die Zahl derjenigen, die heutzutage nach Erlangung des Einjährig-Freiwilligen-Zeugnisses in Untersekunda das Gymnasium verlassen. — Für die künftigen Professionisten endlich ist das Progymnasium bestimmt. Es ist nichts anderes, als eine Bürgerschule unserer Tage, wenn man will, eine höhere Bürgerschule, die mit dem Gymnasium nur dies gemein hat, dass an ihr Lehrer wirken, die zugleich Unterricht in fremden Sprachen erteilen können. — Die Privatstunden sind in erster Linie für diejenigen da, die die nächsthöhere Ordnung des Gymnasiums bezw. die Universität besuchen wollen, aber natürlich kann sich an ihnen auch beteiligen, wer sonst Lust zu den betreffenden Fächern hat.

Ernestis Schulordnungen sind geschrieben, um insbesondere den Lehrern Anweisungen zu geben und die Methode in den sächsischen Lateinschulen einheitlich zu regeln; nirgends gehen sie darauf aus, die Einrichtungen der Schulen selbst umzugestalten. Diese Einrichtungen waren aber nicht Ernestis Werk, und darum ist es zwecklos, sie hier zu besprechen.

Stark an Gesner anklingend, sagt Heyne: „Ein Hauptverderben des Schulwesens in verschiedenen Ländern ist, dass es so viele lateinische Schulen giebt und an Orten, wo keine hingehören und wo keine bestehen können; dass dagegen die Zahl der nützlichen Bürgerschulen so gering ist. Schulen, worin sich

---

*) Es lässt also den Schulunterricht etwa mit dem 6. Lebensjahre beginnen; vergl. auch Sch.-O. 207.

[1]) 13. 16. 17.

künftige Studierende bilden sollen, braucht ein Land kaum zwei oder drei, bürgerliche Schulen braucht es überall"[1]). Als sich darum im Jahre 1797 der Magistrat von Göttingen mit der Bitte an ihn wendete, den Plan zu einer neuen Einrichtung der lateinischen Stadtschule zu entwerfen, benutzte er die Gelegenheit, um seiner Abneigung gegen die vielen Lateinschulen und seiner Vorliebe für die nützlichen Bürgerschulen einen unzweideutigen Ausdruck zu geben. Die ganze Einrichtung der Schule ward von Grund aus umgestaltet. An die Stelle der alten Einteilung nach Klassen setzte Heyne eine solche nach Fächern und Kenntnissen. Durch eine beträchtliche Erweiterung des Lehrplanes wurde die Anstalt in ihrem unteren Teile zu einer den Ansprüchen der Zeit genügenden Bürgerschule, in ihrem oberen zu einem für künftige Studierende bestimmten Gymnasium. Leider ist die von Heyne für diese Schule verfasste Ordnung zu arm an Zahlenangaben, als dass man mit Sicherheit erschliessen könnte, welchen Zeitraum sie umschloss, und von welchem Lebensjahre an sie Schüler aufnahm; vermutlich ist dies nicht viel anders, als bei Gesner gewesen. Denn eines ist deutlich erkennbar in dieser Schulordnung, das ist der Geist Gesners; er zeigt sich vor allem in der Verknüpfung von Bürgerschule und Gymnasium, er zeigt sich aber ferner auch in der Zahl der fünf Abteilungen, die etwa den Gesnerschen Ordnungen entsprechen, in der Anordnung des Unterrichtsstoffes, in der Beseitigung des strengen Klassensystems u. s. w. Wie sehr Heyne mit diesen Neuerungen den Bedürfnissen der Zeit entgegenkam, zeigt der Zulauf, dessen sich diese Schule alsbald erfreute. Im Winter des Jahres 1802 übernahm er auch die Umgestaltung des Lyceums zu Hannover; im wesentlichen soll dabei das Göttinger Gymnasium als Vorlage gedient haben.

Wolf wünschte:
1. niedere Schulen,
   a) (achtklassige?) Elementar- oder Volksschulen,
   b) (achtklassige?) Mittel- oder Bürgerschulen, die dem Bildungsgrade nach bis IIIa gingen;

---

[1]) Nachricht 12 f.

2. höhere Schulen, als Fortsetzung der Bürgerschulen,
a) dreiklassige Realschulen,
b) dreiklassige Gymnasien.

Allein diese Trennung der höheren Schulen von den Bürgerschulen war so, wie sie Wolf haben wollte, schwer durchführbar, und so war er denn schon zufrieden, wenn Gymnasien und Realschulen eine solche Gliederung erfuhren, dass sie in ihren unteren Klassen die Bürgerschulen vorstellten und die Gymnasien „in den oberen mit jeder höheren Klasse reiner den Gymnasialcharakter ausprägten"[1]). Die unteren Klassen nannte Wolf darum die Bürgerklassen des Gymnasiums, die oberen bildeten die eigentlich gelehrte Anstalt, von der alle, die nicht studieren wollten, möglichst fern gehalten werden sollten. — Auf dem Joachimsthalschen Gymnasium begann das Lateinische und Französische in VII, das Griechische in IV, das Hebräische in II.

Basedows Philanthropin war eine Kostschule für Zöglinge vom 6.—18. Lebensjahre. Diesen Zeitraum teilte man theoretisch in drei bis vier Perioden ein, so dass die Nichtstudierenden etwa im 15. Jahre die Anstalt verliessen, während die fürs Studium Bestimmten noch drei Jahre blieben, um dann sogleich die Universität zu beziehen. Thatsächlich war diese Einteilung in Perioden ohne grössere Bedeutung, denn man begann, wie wir uns erinnern, mit den Sprachen sehr früh. — Daneben reden nun die Philanthropinisten noch von einer Art Volks- oder Bürgerschule und von Gymnasien. Aus den spärlichen und unklaren Notizen lässt sich ungefähr so viel mit einiger Sicherheit feststellen, dass die erstgenannten Schulen „nur ganz unstreitige, praktische dem Stande des grossen Haufens angemessene und sehr wenig Erkenntnisse" gewähren sollen[2]) und dass ihre Dauer etwa bis ins 15. Jahr reicht. Die Gymnasien erwähnt Basedow öfter, er erkennt sie also im Principe noch an. Aber einesteils werden sie nur mehr als Notbehelf für diejenigen Orte angesehen, wo es noch kein Philanthropin giebt, andernteils sollen sie hauptsächlich diejenigen vorbilden, für welche die Kenntnis des Griechischen und überhaupt eine eingehendere Bekanntschaft mit dem Altertum entweder notwendig oder doch wünschenswert ist.

---

[1]) Arnoldt: II, 52. [2]) Meth. B. 33.

— Nur Trapp[1]) ist grundsätzlich gegen alle Gelehrtenschulen; wer sich dem gelehrten Studium widmen will, soll im Anschluss an die „allgemeine Bürgerschule" in besonderen Klassen etwa fünf Jahre lang den Unterricht in den alten Sprachen erhalten, „soweit er dann noch notwendig ist." Das scheint vorauszusetzen, dass der Betreffende entweder in der Bürgerschule selber oder in Privatstunden zu Hause schon einige Kenntnisse in den alten Sprachen gewonnen hat. Jedenfalls ist der Wunsch Trapps in seiner Verwirklichung dem Gymnasium im Basedowischen Sinne nicht fern.

Stellen wir nun zusammen
1. Was diesen Organisationen gemeinsam ist:
   a) alle verlegen den Beginn des Schulunterrichts etwa ins 6. Lebensjahr;
   b) alle unterscheiden zwischen Schulen für die niederen Stände und solchen für die höheren;
   c) alle unterscheiden zwischen künftigen Studierenden und Nichtstudierenden;
   d) alle beschäftigen sich vorzugsweise mit den Schulen für die höheren Stände;
   e) alle richten den unteren Teil ihrer Lehranstalten als Bürgerschulen ein, d. h. als Schulen, die vor allem die künftigen Nichtstudierenden berücksichtigen;
   f) alle lassen gleichwohl das Lateinische schon sehr zeitig beginnen;
   g) alle haben eine grosse Vorliebe für das Fachklassensystem; das alte Klassensystem ist entweder beseitigt oder nur ungern beibehalten.
2. Worin diese Organisationen sich unterscheiden:
   a) Gesner, Heyne und die Philanthropinisten kennen für die Nichtstudierenden nur eine Anstalt, das untere Gymnasium bezw. Philanthropin oder die Bürgerschule; — Wolf hat über dieser noch die Realschule;
   b) Gesner, Heyne und die Philanthropinisten erteilen den gesamten Unterricht bis zur Universität in einer Anstalt, dem Gymnasium bezw. dem Philanthropin; — Wolf

---

[1]) A. R. VIII.

möchte das Gymnasium am liebsten, um es zu einer wirklichen „Stütze echter klassischer Gelehrsamkeit" zu machen, auf drei Klassen beschränken und von der Bürgerschule lostrennen;

c) die Philanthropinisten bevorzugen, wie aus früheren Abschnitten erinnerlich ist, im Lehrplane die neueren Wissenschaften, ohne indessen die alten übermässig zu vernachlässigen;

d) die Philanthropinisten, die zwischen Studierenden und Studierenden unterscheiden, erkennen im allgemeinen neben ihrem Philanthropin auch dem Gymnasium bis zu einem gewissen Grade Existenzberechtigung zu.

Eine Vergleichung dieser Übereinstimmungen und Verschiedenheiten wird folgende Sätze als Ergebnis dieses Abschnittes rechtfertigen: 1. Neuhumanisten und Philanthropinisten stimmen überein in dem, was die äussere Organisation ihrer Lehranstalten betrifft; die zwischen beiden bestehenden Unterschiede erstrecken sich mehr auf das, was den Lehrplan, die Unterrichtsfächer angeht; 2. diese Unterschiede sind keine principiellen Gegensätze, sondern Weiterbildungen.

Basedows Philanthropin sollte mehr sein und war auch mehr als eine Bürgerschule, es sollte das Gymnasium aus seiner beherrschenden Stellung verdrängen; aber Basedow war sich wohl bewusst, dass es ganz ohne Gymnasium doch nicht abgehe, darum liess er es, wenn auch nur mehr provisorisch, noch bestehen. Dadurch, dass er dies that, dass er einer dritten Anstalt Fächer zuwies, die er selbst nicht mehr bot, rückte er sein Philanthropin in die Reihe derjenigen Anstalten, die Wolf zwanzig Jahre später Realschulen nannte. Und doch möchte ich Anstalten nach dem Muster des Dessauer Philanthropins nicht eigentlich Realschulen nennen. Gewiss, dadurch dass die Philanthropinisten grösseres Gewicht auf die modernen Wissenschaften und — namentlich im Vergleiche zu Wolf — auf die gemeinnützigen Kenntnisse legten, dadurch waren ihre Unterrichtsanstalten etwas anderes als Gymnasien; aber dadurch, dass sie ihre Lehrpläne nicht ausschliesslich aus diesen Fächern zusammensetzten, sondern auch das Lateinische noch lehrten, waren ihre Anstalten mehr als blosse Realschulen; sie hatten Elemente aus den letzteren, aber auch solche aus den Gymnasien, d. h. sie waren Realgymnasien, wenn auch die modernen Realgymnasien in mancher Beziehung noch etwas anderes sind.

Nach alledem kann man also sagen, dass die Philanthropinisten den Übergang bilden von Gesner zu Wolf. Was bei Gesner gleichsam zusammengepackt noch in einer Schule enthalten ist, das lösen die Philanthropinisten auf und legen es klar, zwar noch nicht vollständig, aber doch so, dass dann Wolf einem dieser Teile, der Gymnasialpädagogik, mit um so grösserem Erfolge sein ungeteiltes Interesse und seine ganze Kraft zuwenden kann. Mag er auch sonst nicht gerade gut auf die Basedowianer zu sprechen sein, sie sind doch seine Vorarbeiter gewesen.

c) Lehrer.

Dass die Beschaffenheit des gesamten Schulwesens im letzten Grunde einzig und allein von der Zuverlässigkeit und Tüchtigkeit der Lehrer abhängt, gilt unseren Pädagogen natürlich ebenso, wie uns heute als selbstverständliche Voraussetzung. Leider müssen sie aber ebenso einstimmig bekennen, dass es mit dieser Tüchtigkeit bei den Lehrern ihrer Zeit noch lange nicht so bestellt ist, wie es wohl sein sollte. Einmütig sind sie ferner auch darin, dass es bei der Heranbildung tüchtiger Lehrer nicht bloss mit wohlgemeinten Ermahnungen gethan ist, sondern dass es dabei vor allem auf gehörige praktische Übung ankommt.

Hier hat sich Gesner ein bleibendes und nicht geringes Verdienst erworben durch die Stiftung des philologischen Seminars an der Universität Göttingen. Nicht als ob er damit etwas völlig Neues gebracht hätte — angeregt durch seinen Lehrer Buddeus in Jena hat er sich vielmehr ohne Zweifel an das Hallesche Pädagogium angelehnt — aber durch die Errichtung dieses Seminars ging Göttingen allen deutschen Universitäten vorbildlich voran und machte in nachdrücklichster Weise auf die Notwendigkeit und die Mittel der Lehrerbildung aufmerksam. Der Zweck des Seminars, dessen Vorsteher Gesner bis an seinen Tod blieb, ging, wie dieser selbst in der Schulordnung angiebt, dahin, „dem Mangel tüchtiger Lehrer abzuhelfen", oder wie Pütter[1]) angiebt,

---

[1]) II, 273.

„gute Hauslehrer und Schullehrer zu bilden", oder wie Heeren[1]) es bestätigt, wenn er sagt: „Hier war es, wo die künftigen Lehrer von Schulen, Gymnasien und zum Teil auch von Akademien gebildet wurden". Es war also mehr ein pädagogisches denn ein philologisches Seminar und das Feld, wo Gesner recht eigentlich seine Thätigkeit als Pädagog entfalten konnte und auch wirklich mit so viel Liebe und Hingebung entfaltete, „dass er mehrmals glänzende Berufungen in andere Wirkungskreise ablehnte, selbst die Aufforderung, die oberste Leitung des ganzen Schulwesens in den brandenburgisch-preussischen Landen unter Bedingungen zu übernehmen, die er selbst feststellen sollte" (Sauppe[2]). Zwar mussten die Mitglieder des Seminars — neun Studenten der Theologie, neben denen aber auch andere Studenten in unbeschränkter Anzahl als ausserordentliche Mitglieder an den Übungen teilnehmen durften — zwar mussten die ordentlichen ausser ihren theologischen Vorlesungen noch eine Reihe philosophischer und philologischer hören[3]), gleichwohl sollten, wie die oben angeführten Aussprüche, besonders derjenige von Heeren, es bezeugen nicht nur Gymnasiallehrer, sondern überhaupt Lehrer, also auch Volksschullehrer, herangebildet werden. Zur praktischen Ausbildung — diese interessiert uns ja am meisten — wurden den Seminaristen an der Stadtschule einzelne Klassen und Stunden überlassen[4]); ausserdem wurden sie vermahnt, „dass sie selbst gerne mit Kindern, mit denen sie bekannt sind oder werden können, umgehen, deren Liebe und Vertrauen sich zu erwerben suchen, dass sie sich eine Freude machen, solche zu examinieren und ihnen etwas Gutes zu sagen[5])". Der Aufenthalt im Seminar war auf etwa zwei Jahre berechnet; am Schlusse fand eine Prüfung statt.

Gesners Nachfolger war Heyne. Unter ihm verlor das philologische Seminar wesentlich von seiner praktischen und pädagogischen Bestimmung; es erhielt, wie Pütter[6]) berichtet, „nach und nach die Gestalt einer Pflanzschule für Humanisten, welche sich den eigentlichen Humanioribus, es sei für die Schule oder für die Akademie, widmen, oder doch als Gelehrte zu studieren gedenken".

[1]) 251. [2]) 66. [3]) Gesner, Sch.-O. 189 ff. [4]) Sch.-O. 194. [5]) Sch.-O. 193.
[6]) II, 273.

Ernesti widmet in seiner Schulordnung b[1]) einen kurzen Abschnitt „der Wahl und Prüfung der Schullehrer". Die Hauptabsicht desselben ist aber, den Lehrern zu Gemüte zu führen, welch ein wichtiges Amt sie zu verwalten haben. Erst am Schlusse erfahren wir mehr beiläufig, dass die Lehrer, wenn sie zur Wahl kommen, „eine Probe in Gegenwart des Pfarrers und des Superintendenten in der Schule" abzulegen haben. Näheres über diese Probe und darüber, welche Vorbildung die Lehrer zu erhalten haben und aus welchem Stande sie genommen werden sollen, wird nicht gesagt; wahrscheinlich waren's ebenfalls junge Theologen.

Einen nicht unbeträchtlichen Fortschritt bezeichnen die Philanthropinisten. Zunächst begnügen sie sich nicht mehr mit Studenten der Theologie; nach Trapp soll der künftige Erzieher noch studieren, nur nicht Theologie und — „spekulative Philosophie". Basedow verlangt aber schon vor Trapp eigene Lehrerseminare, für jedes Land eins, wie solche ja bereits vereinzelt z. B. in Stettin, Berlin, Hannover entstanden waren. Über ihre Tüchtigkeit müssten sich die Lehrer beim Verlassen des Seminars durch Prüfungen und späterhin durch Probelektionen und Zeugnisse ausweisen [2]).

Wolf verkannte nicht, dass gerade zum Lehrerberufe mehr als zu anderen ein besonderes „Charisma" gehöre; um so mehr richtete er auf die Ausbildung tüchtiger Lehrer sein Augenmerk. Betreffs der niederen Volksschulen, namentlich auf dem Lande, wo vielfach noch die Invaliden aus Friedrichs d. Gr. Zeit als Schulmeister sassen, machte er dem Staatsminister von Massow den Vorschlag[3]), diese Stellen auf „ein paar Jahre" an junge Theologen zu vergeben, die „im ersten Examen keine ausreichenden Kenntnisse bewiesen" hätten und sich also im Verkehr mit dem Pfarrer des Orts zugleich theologisch weiter ausbilden könnten. Daneben wies er nachdrücklich auf Anstalten wie das Hallesche Waisenhaus hin und meinte, dass man die älteren und geschickten Knaben recht gut zum Unterrichte der jüngeren anhalten und dadurch zugleich zu einem künftigen Stande vorbereiten könne, den man jetzt eben zu verbessern wünsche. Für etwa zu er-

---

[1]) I.   [2]) Meth. B. 111. 491 ff.   [3]) Bei Arnoldt I, 256—265.

richtende Landschullehrer-Seminare empfahl er als Muster die Anstalt von Gutsmuth in Schnepfenthal. „Gelehrte Schulmänner" suchte er bereits auf dem Gymnasium „von fern her zu erwecken" durch eine classis selecta; in derselben sollten diese wissenschaftlich und praktisch angeleitet werden, damit sie bereits „in unteren Klassen (inspic. rectore) etwas mit unterrichten könnten". Zur Belohnung sollten diesen Selektanern besondere Stipendien verliehen und beim Abgange zur Universität besondere Zeugnisse ausgestellt werden, „womit sie dann den Zutritt zum (philologischen) Seminar suchen dürften[1])". Beim Antritte einer Stelle wünschte er eine Probelektion und einen Ausweis von der Universität her, ob der Kandidat in einer unteren, mittleren oder oberen Klasse zu gebrauchen sein möchte.

Schluss.

Der einzelne Mensch kann nur verstanden werden im Zusammenhange mit der Zeit, in der er lebt. Eine gewaltig gährende Zeit war es, in der Gesner heranreifte und als Herangereifter wirkte, eine Zeit des Kampfes und voll innerer Widersprüche. Denn während man auf der einen Seite stürmisch nach Neuerungen, nach Reformen verlangte, war man auf der anderen weit davon entfernt, etwas wirklich Neues zu erfinden und in oft nur zu kleinlicher Weise darauf bedacht, das Althergebrachte, wenn auch in anderer Form, sorgsam zu erhalten; während man auf der einen Seite begeistert in den Ruf nach Aufklärung einstimmte, hielt man's auf der anderen treulich mit dem Eklekticismus. Wie stand Gesner zu dieser Zeit? Und wenn ich in dieser Abhandlung weiter nichts nachgewiesen hätte, als nur dies, dass Gesner ein echtes Kind seiner Zeit war, ich wollte mich gerne zufrieden geben. Ein Kind seiner Zeit war er in doppelter Beziehung, in philosophischer und pädagogischer. „Wenn die deutsche Aufklärung nur einen Vater hätte", sagt Erdmann[2]), „so hätten diejenigen Recht, welche Thomasius als denselben bezeichnen". Wir haben gesehen, und ich habe es schon am

---

[1]) Cons. 167 f. [2]) II, 179.

Schlusse des ersten Teils dieser Arbeit weiter ausgeführt, wie Gesner in philosophischer Beziehung durchaus ein Anhänger und Schüler des Thomasius war. Ein solcher war er aber auch in pädagogischer Hinsicht. Wie für seinen grossen Meister in der Philosophie, so gilt auch für ihn, den Meister in der Pädagogik: Nicht durch die Neuheit seiner Ideen wirkte er so einflussreich, sondern durch die Art, wie er die überkommenen sich aneignete und verbreitete. Die Gesamtaufgabe meiner Arbeit brachte es mit sich, dass ich nur selten auf den Zusammenhang zwischen Gesner und seinen grossen Vorgängern Comenius und Locke hinweisen konnte*), auch die Einwirkung Thomasischer Ideen auf die Gesnersche Pädagogik konnte ich aus demselben Grunde nur an ganz besonders deutlichen Stellen anmerken; allein beides ist so augenscheinlich, dass es für einen, der mit der Gedankenwelt eines Comenius, Locke, Thomasius einigermassen vertraut ist, auch gar keines ausdrücklichen Hinweises weiter bedarf. Nach alledem dürfte es nicht zu viel behauptet sein, wenn ich sage: **Was Thomasius für die Philosophie, das ist Gesner für die Pädagogik gewesen.** Thomasius ist nicht der einzige Vater der Aufklärung, aber der erste; Gesner ist nicht der einzige Urheber der pädagogischen Reformation im 18. Jahrhundert, aber der erste: Grössere Männer sind nach beiden gekommen und haben weitergeführt und vervollständigt, was jene begonnen, aber grundlegend und darum epochemachend haben beide gewirkt.

Der einzelne Mensch kann nur verstanden werden im Zusammenhange mit der Zeit, in der er lebt. Wenn auch Gössgen die Wahrheit dieses Satzes recht beherzigt hätte, dann würde er sich gewiss seine Arbeit erspart und einen guten Teil der vorliegenden überflüssig gemacht haben. Er befand sich auf dem richtigen Wege; am Schlusse seiner Abhandlung sagt er:[1] „Gerade in Deutschland konnte Rousseaus Émile so begeisternd wirken, weil erstlich hier schon thatsächlich pädagogische Fragen behandelt worden waren — man denke an Gesner — und weil hier zweitens — und das ist besonders zu beachten — die Aufklärungsphilosophie herrschte, welche, interessiert für das Wohl

---

*) Eine derartige Untersuchung ist als dringendes Bedürfnis zu bezeichnen.

[1] 115 f.

des Menschen, ganz konsequent auf die Pädagogik als Mittel zur Erreichung ihrer Ziele verfallen musste." Leider ist Gössgen auf diesem Wege nicht weitergeschritten; ihm lag an einer Ehrenrettung Basedows; er wollte zeigen, wie dieser merkwürdige Mann ganz in der Sorge für das Wohl der Menschheit, im besondern für die Jugenderziehung, aufgegangen sei und wie er jede neue Idee herangezogen habe, um sie diesem Zwecke nutzbar zu machen. Aber in diesem Bestreben ist Gössgen übers Ziel hinausgeschossen; er hat bei Basedow Gedanken nachweisen wollen, die in Wirklichkeit nicht vorhanden sind, und er hat sich zu Behauptungen verstiegen, die sich schlechterdings nicht halten lassen. Den Haupteinfluss Rousseaus sieht er, um es in ein Wort zusammenzufassen, in dem „Gefühlsenthusiasmus" und demgemäss definiert er einmal[1]) den Philanthropinismus als „die aus der Anerkennung des Menschen als Selbstzweck erwachsene Liebe zum wahren Menschentume". Wären die Philanthropinisten von wirklich idealer Begeisterung, von reiner Liebe zur Menschheit und nur von edlen lauteren Gefühlen getrieben worden — etwa wie Pestalozzi — dann wäre der Verfall des Philanthropinismus einfach ein unlösbares Rätsel. Nein, gerade weil ihnen diese Tugenden abgingen, weil man merkte, dass sie nicht immer in reiner und selbstloser Menschenliebe handelten, weil man erkannte, dass ihnen für die Natur des Kindes und für wahre Herzensbildung ein tieferes Verständnis gerade fehlte, deshalb vertraute man ihnen seine Kinder nicht an, deshalb ging es mit dem Philanthropinismus so rasch bergab. Aber — und hier setzt nun das Ergebnis dieser Untersuchung ein — das Eigentümliche des Philanthropinismus liegt gar nicht auf dem Gebiete der Philosophie oder der Erziehung, sondern auf dem des Unterrichts. Wir haben gesehen, welche weitgehende Einmütigkeit zum Teil zwischen ihm und den Vorläufern des Neuhumanismus besteht; nirgends bringt er etwas, was dem Inhalte nach merklich über Gesner hinausführte, geschweige denn, dass sich irgendwo eine Spur der Rousseauschen Charakteristika (Privaterziehung, Verachtung alles wissenschaftlichen Unterrichts, aller Kultur, radikale Rückkehr zur Natur u. s. w.) fände. Erst bei der Besprechung

---

[1]) S. 85.

der Unterrichtsfächer und der Unterrichtsmethode ergaben sich nennenswerte Unterschiede zwischen den beiden pädagogischen Zeitströmungen, Unterschiede, die sich schliesslich in der Frage nach der Stellung zum Griechischen zu einem wirklichen, aber auch zu dem einzigen Gegensatze erweiterten. So muss sich immer und immer wieder die Frage erheben: Wenn nun schon Gesner zwanzig und dreissig Jahre vor den Philanthropinisten genau dieselben Ideen und Grundsätze vorträgt, hat es dann einen Zweck, die Frage nach einem Einflusse Rousseaus überhaupt aufzustellen? Man wird vielleicht einwenden, dass ich die Bedeutung und den Einfluss Gesners überschätze. Dem ist entgegenzuhalten, 1. dass alle jene Gedanken und Bestrebungen, wie sie von Gesner und den Philanthropinisten vertreten wurden, schon lange im Zuge der Zeit lagen; 2. dass Gesner weniger durch seine Schriften als vielmehr durch seine Schüler wirkte. Man lese einmal bei Pütter[1]) das Verzeichnis der Seminaristen von 1763 bis 1787; der Wechsel im Seminar wird unter Gesner auf keinen Fall geringer gewesen sein; man bedenke sodann, dass Gesner vierundzwanzig Jahre lang Direktor dieses Seminars war; man stelle sich ferner noch die grosse Zahl derjenigen vor, die zwar nur als ausserordentliche Mitglieder an den Übungen teilnahmen, aber doch immerhin im Geiste Gesners gebildet wurden; man berücksichtige endlich, dass in Sachsen Ernesti ganz im Sinne Gesners wirkte — und man man wird den Einfluss dieses trefflichen Mannes nicht mehr zu gering anschlagen. So war in den sechziger und siebziger Jahren des vorigen Jahrhunderts der grössere Teil des heutigen Deutschlands ich möchte sagen mit einem Zündstoff übersät, der nur eines kräftigen Anstosses bedurfte, um alsbald in hellen Flammen aufzulodern. Das Verdienst, diesen Anstoss gegeben zu haben, soll den Philanthropinisten nicht genommen werden. Wenn sie dabei Stellen aus Rousseaus Émile und aus zahlreichen anderen Werken wörtlich in die ihrigen herübernahmen, so geschah es nur aus Freude über die Bestätigung eigener Gedanken durch fremde Autoren. Es bleibt sonach der Satz H. Schillers[1]) zu Recht bestehen: „Den Philanthropinis-

---

[1]) II, 275 ff. [2]) Gesch. d. Päd. § 24. Gössgen 12 f. 118.

mus als Rousseauischen Ableger zu betrachten ist gänzlich unberechtigt*)".

Der an der Spitze dieser Schlussbemerkungen gestellte Satz behält nun aber schliesslich seine Bedeutung auch für das Verhältnis Gesners zu den späteren Neuhumanisten. Die Wogen der Aufklärung glätteten sich, Besonnenheit und Mässigung kehrten zurück und brachten neue Ziele, neue Ideale. Das lässt sich auch in den Schriften der späteren Neuhumanisten deutlich verfolgen. Ich habe mich freilich in der Hauptsache mit dem Nachweise begnügen müssen, wie von Gesner, dem Mittelpunkte dieser Arbeit, Fäden nach den verschiedenen Richtungen der Erziehungs- und Altertumswissenschaft hinführen, aber ich denke, die neuen und selbständigen Ansätze, die durch die einzelnen Neuhumanisten geschahen, sind gleichwohl nicht ganz verborgen geblieben. Ganz besonders war es die Stellung zum Altertume, der Betrieb der alten Sprachen um der Sachkenntnis willen, die Lektüre der Alten in Rücksicht auf ethisch-humane Bildung, oder wie immer man das Eigentümliche des Neuhumanismus bezeichnen mag, was sich schon bei Gesner stark entwickelt vorfand. Gerade dadurch hat auch er kräftig und bahnbrechend mitgearbeitet an der Herbeiführung jener grossen Epoche, die unsere deutsche Litteratur um die Wende des 18. und 19. Jahrhunderts erlebte. Denn das ist ja gerade eine wichtige Eigentümlichkeit dieser klassischen Periode, dass sie, vorbereitet und geführt durch den Neuhumanismus, mit der Antike in so enger und wunderbarer Verbindung stand.

*) Ich verweise hier noch nachdrücklich auf die Dissertation von Garbovicianu, der inhaltlich zu demselben Ergebnis gelangt.

Lebenslauf.

Ich, Karl Hermann Bernhard Pöhnert, bin geboren in Dresden am 6. November 1873. Nachdem ich in verschiedenen Volksschulen meiner Vaterstadt den ersten Unterricht erhalten hatte, trat ich Ostern 1885 in die Sexta des Gymnasiums zum heiligen Kreuz ein. Ostern 1894 verliess ich dasselbe mit dem Zeugnis der Reife und ging nach Leipzig, um mich dem Studium der Theologie zu widmen, vorerst aber meiner Militärpflicht im 106. Regiment zu genügen. Hier in Leipzig blieb ich denn auch, abgesehen vom Sommersemester 1895, das ich an der Universität Tübingen verbrachte. Das examen pro candidatura und pro licentia concionandi bestand ich im Februar 1898. — Neben theologischen hörte ich philosophische Vorlesungen namentlich bei den Herren Proff. Pfleiderer, Spitta, Lange in Tübingen und Heinze, Volkelt, Kretzschmar in Leipzig. Allen diesen Herren, ganz besonders aber Herrn Prof. Dr. Volkelt, sei für mannigfache wissenschaftliche Anregung und Förderung an dieser Stelle öffentlich mein ergebenster, aufrichtigster Dank ausgesprochen!